集人文社科之思　刊专业学术之声

集 刊 名：世界华文教学
主办单位：海外华文教育与中华文化传播协同创新中心
　　　　　华侨大学华文教育研究院

SHIJIE HUAWEN JIAOXUE

顾问（按姓氏笔画排列）：

李宇明　（教育部语言文字信息管理司）　　赵金铭　（北京语言大学）
沈家煊　（中国社会科学院）　　　　　　　崔希亮　（北京语言大学）
陆俭明　（北京大学）　　　　　　　　　　戴庆厦　（中央民族大学）

编辑委员会（按姓氏笔画排列）：

古川裕　（日本大阪大学）　　　　　　　　　沙　平　（福建师范大学）
白乐桑　（法国国家东方语言文化学院）　　　张　博　（北京语言大学）
宁继鸣　（山东大学）　　　　　　　　　　　张和生　（北京师范大学）
任　弘　（华语文教育发展基金会）　　　　　陈友明　（印度尼西亚三语学校协会）
刘乐宁　（美国哥伦比亚大学）　　　　　　　陈学超　（陕西师范大学）
刘海峰　（厦门大学）　　　　　　　　　　　陈旋波　（华侨大学）
刘海涛　（浙江大学）　　　　　　　　　　　周小兵　（中山大学）
齐沪扬　（上海师范大学）　　　　　　　　　郑通涛　（厦门大学）
孙德金　（北京语言大学）　　　　　　　　　孟柱亿　（韩国外国语大学）
李　泉　（中国人民大学）　　　　　　　　　胡建刚　（华侨大学）
李向农　（华中师范大学）　　　　　　　　　胡培安　（华侨大学）
李红印　（北京大学）　　　　　　　　　　　柯彼德　（德国美因兹大学）
李祖清　（缅甸曼德勒福庆学校）　　　　　　贾益民　（华侨大学）
李晓琪　（北京大学）　　　　　　　　　　　陶红印　（美国加州大学）
吴中伟　（复旦大学）　　　　　　　　　　　黄端铭　（菲律宾华教中心）
吴伟平　（香港中文大学）　　　　　　　　　程爱民　（南京大学）
吴应辉　（中央民族大学）　　　　　　　　　曾金金　（台湾师范大学）
吴英成　（新加坡南洋理工大学）　　　　　　曾毅平　（暨南大学）
吴勇毅　（华东师范大学）

主　　编：贾益民
副主编：胡培安　胡建刚
执行编辑：赵雅青
编　　务：蔡晓宇　高小琼　汤雨婷

第十四辑

集刊序列号：PIJ-2015-146
集刊主页：www.jikan.com.cn/世界华文教学
集刊投约稿平台：www.iedol.cn

主办：海外华文教育与中华文化传播协同创新中心
华侨大学华文教育研究院

世界华文教学

SHIJIE HUAWEN JIAOXUE

（第十四辑）

贾益民　主编

社会科学文献出版社
SOCIAL SCIENCES ACADEMIC PRESS (CHINA)

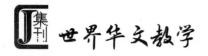

第 14 辑
2024 年 11 月出版

·第六届华文教育国际学术研讨会专栏·

第六届华文教育国际学术研讨会综述……………………… 赵雅青　李宜锦 / 1

新时代华文教育如何融合与发展……………………………… 张岩松 / 13

新时代澜湄流域三国华文师资培养的困境与出路
…………………………………………… 邓芳玲　黄启庆 / 21

易混淆抽象名词"成果"和"效果"的型式搭配与语义特征验证
…………………………………………… 黄琦泓　方清明 / 41

·区域国别华文教育研究·

数字化转型中的国际中文教育
——历史趋势与未来展望……………… 王陈欣　郑国锋　彭丽华 / 55

近现代印尼华文教育研究中的问题
——一种文化视角下的检视…………………………………耿伟伟 / 69

柬埔寨华文"教育合流"现象调查与研究………………………… 张　欢 / 86

·华文教学与习得研究·

华裔与非华裔学习者汉语学习动机对比研究………………… 张江丽 / 104

基于语料库的语言使用实态中汉语核心离合词用法研究……… 李长浩 / 118

国际学生形式动词习得的偏误分析………………… 姜黎黎　陈梦琦 / 145

汉语词汇羡余对二语学习者写作测试的影响
——以"偏义复词""同义复合词"为例 ……………吕海辉　付梦芸 / 161

韩国 CSL 学习者同素同义单双音节动词混淆分布特征研究

·· 吴釪琰　胡晓清／177

实境直播式文化教学设计与实践研究········· 朱晓睿　李沛熹　骆健飞／196

"多邻国"中文课程语音教学部分的分析与建议 ····· 马怡昕　葛红丽／211

《世界华文教学》征稿启事 ·· ／225

第六届华文教育国际学术研讨会综述

华侨大学华文教育研究院　赵雅青　李宜锦

提　要　第六届华文教育国际学术研讨会的主题是"新时代华文教学的融合与发展"。10 位资深学者与华教专家围绕会议主题作大会报告。海内外与会学者就华文教育理论、华文教师、华文教学与华教资源、华语习得、华语本体及教学应用、中华文化与文化教学方面的热点议题分享交流了各自的研究成果。

关键词　新时代；华文教育；学术研讨会

第六届华文教育国际学术研讨会于 2023 年 11 月 3~6 日在华侨大学（厦门校区）召开。本届会议由华侨大学和暨南大学联合主办，有来自日本、俄罗斯、菲律宾、缅甸、中国香港、中国澳门、中国台湾、中国大陆的近百位代表与会，提交学术论文 70 余篇。华侨大学林宏宇副校长、暨南大学曾毅平教授、中国人民大学李泉教授等嘉宾参加开幕式并致辞。华侨大学华文学院院长胡培安在闭幕式上做了总结发言。本次研讨会的主题是"新时代华文教学的融合与发展"，大会报告高屋建瓴、匠心独运，参会论文特色鲜明、研究深入。与会代表围绕会议主题，就华文教育理论研究、华文教师研究、华文教学与华教资源研究、华语习得研究、华语本体及教学应用研究、中华文化与文化教学研究等方面的具体选题展开热烈讨论。为飨读者，特将本届研讨会主要学术内容综述如下。

一　新时代华文教学的融合与发展探讨

本届研讨会共安排十场专家大会报告，来自不同领域的十位知名学者围绕"新时代华文教学的融合与发展"这一主题做了精彩发言，分享了自己的研究成果。

华侨大学原校长、华文教育专家贾益民教授所作大会报告《新时代国际中文教育学科专业建设刍议》，从新时代与中国国际中文教育学科建设、新文科与中国语言文学学科建设和中国语言文学学科的对策与路径三个方面分析了新时代和新文科背景下国际中文教育学科专业建设问题。贾教授认为，国际中文教育学科建设与发展要立足新时代，实现两服务、两适应；要利用新文科建设所创造的机遇和条件，致力于建设新文科背景下的国际中文教育学科，建设"中文+"新兴学科；为此，贾教授提出六个"大力"并呼吁成立国际中文教育学科或专业联盟，共同打造中国语言文学学科共同体和中国国际中文教育学科共同体。

华东师范大学胡范铸教授把视野投向"国家语言能力"问题并进行新思考，希望从语言的角度寻求治理国家的方法。胡教授在《概念、目标、问题、方法："国家语言能力"研究的重新思考》的报告中，基于对当前全球中文事业所遭受的挫折和大模型时代中国语言能力的症结等紧迫问题的反思，明确了"国家语言能力"的概念和目标，提出了"国家语言能力研究"应关注的重点问题并总结出相应的研究方法。胡教授指出，"国家语言能力"是一种机构语言能力，其根本目标是以语言学和语言学研究助力国家的内部治理，助力国家参与全球治理，从而推动全社会的和谐发展，助力人类命运共同体的构建。

中国人民大学李泉教授长期在国际汉语教学领域耕耘，教学与研究成果颇丰。他在《新时代华文教育：特点、属性与教学研究的高端目标》的报告中分析了新时代华文教育具有传统华文教育和中文二语教学的特点与属性，即呈现与国际中文教育融合并流的发展趋势，明确了华文教育需要加强中文书面语教学的大目标。基于此，李教授建议华文教育界和国际中文教育界应加强合作研究，同时"华文教育"作为一个有历史与传统、有独特目标与内涵、有中国特色与世界情怀的永恒的国际化概念，不可被轻视。

中原大学彭妮丝教授从商务汉语的角度出发，根据海外商务汉语课程与需求的调研结果，作了题为《商务汉语的教与学》的报告。彭教授针对师培生在案例撰写时倍感困难等问题，建议教师在采用内容型教学法的同时强调"做中学"，并将数据驱动学习（DDL）融入商务汉语师培，设计出系统化的商务汉语师培流程：首先，应用语料库分析商务汉语词汇；其次，利用语料库收集商务汉语语料，利用 Excel 爬虫或整理语料；最后，根据案例及对话，设计任务导向教学活动与逆向式课程。

高雄师范大学王萸芳教授在《华语教学的教、学与研》的报告中提出，"教、学、研"是华语教学三股合成的绳子，华语教学从教和学两方面应分别有六个面向："教"从"输入"的观点，"学"从"输出"的观点；"教"从"翻转"开始，"学"从"应用"实践；"教"从"设难"出发，"学"从"解难"抵达；"教"提供"支援"，"学""实作"表达；"教""引导"输入学习，"学""转化"输入后输出；"教""优化"输出能力，"学"连接"真实情境"。在遵循这六个面向的基础上，王教授将理论落实到教学当中，分析学习者的习得偏误情况，有针对性地设计出满足不同学习者需求的课堂教学活动。

日本横滨山手中华学校张岩松校长以其丰富的教学办学经验和成功案例作了题为《新时代华文教育如何融合与发展》的报告。通过在侨校工作的切身实践，张校长指出华文教育的根本任务是育人，海外华校的根本任务是传承，指出要在呈现"新维度"、"新深度"、"新广度"和"新模式"特色的新时代背景下发展"华文教育+"，并就此提出以下具体发展建议：一要紧跟时代潮流，借助人工智能为学生提供教育资源；二要联合华侨社会的"三宝"，共同助力华文教育发展；三要解决华教"三养"问题，使华文教育专业化、正规化，让中华文化在侨团中代代相传。

菲律宾华文教研中心的黄端铭教授以菲律宾华文教育为例，对新时代华文教育该如何开展进行了深入思考，并做了题为《新时代华文教育应主动识变应变求变》的报告。黄教授认为新时代华文教育应准确识变、科学应变、主动求变，他细致考察了菲律宾华文教育史，并指出菲律宾华文教育必须确立新时代的定位，向"华文教育＋职业教育"主动转型，编写出一套更贴近菲律宾华人和菲律宾人生活的文化教材，主动促进中外文化交流互鉴，为建构新的全球话语体系奠定基础。

缅甸曼德勒福庆学校李祖清校长以福庆学校为例，做了《疫情后时代华文教育服务中缅命运共同体》的报告。报告展示了在新冠疫情期间，福庆学校仍然"逆行"，坚持中文推广工作，开展丰富的线上教学活动。而在新冠疫情后时代，为服务中缅共建"一带一路、中缅经济走廊、中缅命运共同体"，福庆学校又大力开展了一系列"中文+"项目并取得成效。李校长指出，国际中文在缅甸主流社会的影响力在明显提高，而福庆学校孔子课堂将不遗余力为推广中文国际传播、培养缅中友好桥梁使者继续努力前进。

华侨大学特聘教授任弘先生在题为《宏观视野——华文教育史与华文教育研究》的报告中探讨了华文教育的历史课题和理论问题。任教授指出，可以通过华人移民史和华侨学校去研究华文教育相关课题，认为语言文化传承与传播需要谨慎面对触动民族主义的敏感问题。

暨南大学曾毅平教授以《夏威夷明伦学校发展史对当代华文教育的启示》为题，回顾了夏威夷大学百年来的华文教育史，通过对夏威夷明伦学校的调查，指出明伦学校史料具有华语调查价值和华文教育史料价值，因此建议侨务部门重视对海外华校的校史编写指导。此外，曾教授认为明伦学校办学的先进理念等，吸引了社会各界支持，对当代华文华校突破办学困境具有启示和示范作用。

二 华文教育理论研究

在华文教育学科理论研究方面，华侨大学金梦城的《从多学科到跨学科——华文教育（学）发展的理论思考》一文尝试构建与 Krishnan 学科生存策略相容的华文教育学科定位新框架，即一种以聚焦（focusing）和整合（integrating）为特征的"跨学科"（interdisciplinary）框架。该框架的出发点是华文教育（学）是一门基于目标的学科，华文教育（学）研究均应聚焦于如何推动华文教育事业的发展。

华文教育遍布全球，各地华文教育发展现状不一。澳门科技大学程明的《概念为本的国际中文教育如何通过跨学科主题设置，为构建人类命运共同体提供全球背景》一文明确了 CBCI（以概念为本的国际中文教育）作为一种追求理解的教学设计具有诸多优势，为在当前变革趋势下培养学生在真实情境中解决真实问题的能力提供一条非常好的解决路径。厦门理工学院姚丽萍的《缅甸中文教学概况及其教学特色研究》一文结合中文教学在缅甸的发展历程和地域、校际差异，分析缅甸中文教学的发展概况以及特色。云南师范大学桑骏凯的《后疫情时代中越"河口—老街"跨境地区中文教育现状及对策研究》一文收集中越"河口—老街"的教学机构、教师、教学资源和学生四个方面的情况并分析比对，探索其中文教育发展现状及趋势。华侨大学王倩的《美国 K-12 阶段的华文教育：课程、师资与社区的互动》一文从课程设置、师资培训与社区互动这三个关键领域深入讨论美国基础教育核心阶段的华文教育现状并提出宝贵建议。华侨大学洪桂治、高小琼的《智利中文教育现状与发展对策探析》一文从四个维度细致分析智利国民教育体系五大主体中文教育的现状及存在的问题，提出助力智利中文教育高质量发展的对策。辽宁大学陈羿竹的《塞内加尔本土翻译人才培养实证研究——来自塞中资企业人才需求满意度的微观证据》一文通过 IPA 分析法识别塞内加尔中资企业用人满意度的主要指标，为当地孔院提供精准化育人培养建议。香港教育大学李文逸的《香港初中学段文言阅读培育价值观的实证研究及其优化措施》一文则通过实证研究探讨香港初中学段文言阅读对学生价值观培育的效果，分析影响该效果的关键因素，并针对当前教学中的问题提出优化措施。华侨大学李智荣、邵岑的《"少子化"背景下马来西亚华人学龄人口变动趋势与华文教育发展风险及挑战》一文在人口转变理论框架下对马来西亚华人学龄人口比重下降现象进行系统描述，以人口趋势探讨华文教育发展问题。

此外，云南民族大学黄悦宏的《近二十年国内华文教育研究动态的可视化分析》一文利用 CiteSpace 5.7 对中国知网 21 世纪以来华文教育相关文献信息进行计量和知识图谱分析，展示该领域研究的基本情况、热点及动态演进历程。

三　华文教师研究

在华文教育事业中，华文教师是影响华校教育质量和发展的重要因素之一，也是本届研讨会小组报告的热点议题之一。学者们主要从教师职业和教师培养两方面进行研究。

在教师职业研究方面，华侨大学李欣的《东盟六国本土中文教师职业认同现状及成因探析》，卢雁玲的《社会支持对东南亚本土中文教师职业认同的影响：心理资本的中介作用》，郑丽萍的《后疫情时代东盟五国本土中文教师职业忠诚度实证分析》，吕海辉、付梦芸的《华文教师工作满意度的实证研究——基于马来西亚华文教师的问卷调查》分别对东南亚整体或部分地区的本土教师或华文教师的职业认同度、忠诚度或满意度进行实证研究并分析其成因，结果显示：本土教师的职业认同度、忠诚度总体处于较高水平，其中社会支持对本土教师职业认同有正向影响；而马来西亚华文教师的工作满意度略高于一般水平，其中工作时长对其产生显著的消极影响。此外，华侨大学付梦芸的《新加坡华文教师职业投入的现状及影响因素分析》一文结合新加坡华文教师自身特点和当地华文教育实际情况编制华文教师职业投入量表，分析本土教师职业投入现状及影响因素并给出建议。华侨大学邬艺静则考察了在社会变迁与教育变迁交互作用下东南亚华文教师的职业变迁状况，从底层反映东南亚华文教育的转型。日本大成中文学院张蓉对日本东京地区周末制华校教师职业现状进行调查，并从不同方面考察周末制华校师资的机遇与挑战。华侨大学李淑明的《隐喻视角下的海外本土中文教师角色分析》一文探讨教师角色隐喻背后蕴含的教学主导意识与教学理念，分析不同个体背景教师的角色隐喻差异。

在教师培养研究方面，大理大学彭小娟的《新加坡华文教师准入与培养演变研究》一文系统梳理新加坡从二战前至今华文教师培养体系，对新加坡华文教师培养模式特征进行建模，以可视化的形式呈现华文教师培养各阶段特点之间的关系。云南师范大学邓芳玲、黄启庆的《新时期缅老泰三国本土教师专业发展系统化模型构建研究》一文为解决新时期缅老泰优质师资短缺问题，提出将本土华文教师专业发展培训时段前置拓展到本科青苗师资培养阶段的构想，并提出构建途径。

此外，还有关注到海外华校校长的研究。华侨大学丁洪双的《新时代海外华校校长领导力模型扎根理论研究》一文对欧洲地区九位华校校长进行半结构化访谈，用 Strauss 三级编码方法构建欧洲华校校长领导力模型，透视全部海外华文学校校长领导力内部维度与外层等级。

四　华文教学与华教资源研究

在汉字教学研究方面，北京语言大学梁彦民的《试论汉字教育教学在华文教育体系中的基本功能》一文论述汉字教育教学在华文教育体系中的基本功能，系统设计基于汉字自身特点、适应华文教育需求的汉字教育教学体系。西南科技大学唐语、郭文彬的《国际华文教学中汉字的纠错问题及策略分析》一文从国际华文教学中出现的汉字偏误入手对汉字纠错问题进一步分析，总结推广具有普遍性和针对性的汉字纠错策略并提出教学建议。华北理工大学王帅臣的《从独立汉字教材看语文关系的设计》一文从教材字词关系出发对六部初级阶段的独立汉字教材中字词比和字义设计进行系统分析，考察"语""文"关系安排设计策略。

在教学法运用研究方面，黑龙江大学张利红的《基于语言与文化一体化习得思想的汉语"单音节语素"词汇教学法研究》一文指出汉字词是语言与文化的最佳结合点和对外汉语教学文化输入的最佳切入点，并提出"单音节语素"教学法。华侨大学李佳丽的《BOPPPS 模式在泰国瓦莱岚大学汉语公共课口语教学中的应用研究》一文运用 BOPPPS 教学模式对泰国瓦莱岚大学汉语公共课口语教学的四个班级进行对照，通过教学实践和学生的问卷结果等材料分析该模式的教学效果并提出建议。厦门理工学院黄利民的《华文教育实践教学新路径：城市语言景观调查》一文从分析语言景观对语言学习的积极作用、语言景观调查融入华文教育实践的可行性和构建基于城市语言景观调查的实践教学模式三个维度将城市语言景观调查融入华文教育的实践教学。

此外，厦门理工学院张艳君的《中国文化中"忍让"策略的话语实现及其对语言教学的启示》一文基于人际语用学理论，采用历史语用学研究方法探究文学小说中"忍让"策略的话语实现及语用功能，并讨论其对语言教学的启示。华侨大学杨文惠的《后疫情时代"课程思政"元素融入汉语阅读技能训练的探索与实践》一文为将"课程思政"融入汉语课堂，从提高"课程思政"教育教学质量和促使"课程思政"元素"自然融入与全面渗透"各项阅读技能训练这两方面提出了具体建议。

针对华教资源研究，厦门理工学院孟广洁的《〈菲律宾中、小学华语教学大纲〉中〈汉字大纲〉的适用性分析》将《汉字大纲》与汉字规范及教学有关的基础字表做比较，从所收汉字的字频、常用部件的覆盖率以及汉字的构词能力等角度分析《汉字大纲》是否适用于菲律宾华语教学。燕山大学董雪松的《从"网络孔子学院"到"中文联盟"——汉语数字资源的动态变化研究》一文对网络孔子学院国际中文教学资源进行研究，动态考察从"网络孔子学院"到"中文联盟"，汉语教学资源在内容、设计形式上的变化。

五　华语习得研究

在华语习得偏误和语言迁移方面，上海外国语大学 Zaprudnova Anastasiia（罗晶）的《俄罗斯全国统一考试汉语科目中常见的写作偏误分析》一文对俄罗斯梁赞中学毕业生的 20 份写作样本进行系统化分析，并对他们所确认的偏误进行分类和计算，试图解释最常见偏误产生的原因。华侨大学石娇娇的《基于语言临近模型的国际中文教育词汇迁移识别研究》一文基于语言迁移理论并利用语言临近模型对越南中级汉语学习者对汉语词汇学习的迁移作用进行研究，探索被试产生的语言迁移类型及产生的原因。华侨大学张斌、范美霞的《汉语作为第三语言习得中的顶点元音迁移研究——以菲律宾汉语初学者为例》一文则以汉语顶点元音为基础，结合元音格局理论和类型优先模型探讨汉语三语学习者顶点元音学习过程中主要迁移来源及受到的影响。

此外，华侨大学邱夏的《汉语母语者与二语者语言使用频率统计直觉的差异及其影响因素》一文考察了汉语母语者和二语者对不同说明性因果复句关联标记使用频率的主观统计直觉与其客观分布频率之间的一致性。大理大学余雪蓉的《留学生专业背景对汉语学习歧义容忍度与学习策略的相关性探究》一文通过探究不同专业留学生汉语学习策略和歧义容忍度的相关性，寻找产生歧义容忍度的原因以及在不同容忍度下学习策略选择的差异，以期促进汉语教学的发展。澳门科技大学任晓娟的《华语二语教学中上声视觉输入与听觉输入的一致性问题》一文基于华语二语教学中上声的视觉输入与听觉输入之间的矛盾和有关上声的理论研究和语音实验，为华语二语教学中上声教学提出建议。华侨大学赵雅青、章艳萍的《泰国华校和非华校高中生汉字学习策略对比调查研究》一文运用 SPSS 21.0 对调查数据进行统计分析，对比研究了泰国华校智民学校和非华校汴佳玛学校高中生汉字学习策略的使用情况。广西民族大学陈泽豪的《泰国大学生在线汉语口语学习愉悦调查》一文基于教育心理学和积极心理学相关理论，对泰国农业大学商务汉语专业学生的在线汉语口语学习愉悦情况及其影响因素进行调查分析。汕头大学陈凡凡、黎碧莲的《二语情绪对汉语二语线上课堂交际意愿的影响》一文基于二语交际意愿和拓展—建构理论，对 31 个国家的 153 名汉语留学生进行问卷调查，探讨线上课堂中 4 种二语情绪之间的关系以及它们对学生交际意愿的影响和预测作用。

在华语加工的认知神经机制研究方面，华侨大学郝瑜鑫的《汉语二语学习者正字法加工的认知神经机制》一文结合认知心理学研究方法，采用 4×2 混合设计实验，利用颜色匹配范式考察高水平汉语二语学习者汉字加工的认知神经机制。华侨大学高瑜泽的《汉语谐音双冠与谐音仿拟的认知神经加工差异》一文以"自主—依存分析"为理论框架，对广告语和网络语言中汉语谐音双冠与谐音仿拟的认知神经加工差异的具体表现进行研究。

六　华语本体及教学应用研究

词汇、语法教学是华语教学的重点内容，华语本体的相关研究可以为华语教学提供有力支撑。北京语言大学徐楚然的《现代汉语离合词宾语前移形式的教学探索》一文基于现代汉语中离合词的宾语前移形式研究，认为在教学中应该采取先扩展、重语用、多练习等方式，对汉语教学中的离合词教学作出了新的探索。华南师范大学黄琦泓的《抽象名词"效果—成果"的语义特征与型式搭配验证》一文基于 BCC 语料库，从型式搭配的角度考察"效果—成果"这组易混淆词的语义特征并进行教学实践的分析。杭州师范大学姜黎黎、赵逸飞的《同素双音节近义词"会合"和"汇合"辨析及国际中文教学设计》一文基于词典和 BCC 语料库，从句法功能和语义角度辨析"会合—汇合"的异同并对比得出相适应的教学方法。北京师范大学蔡紫豪的《语义地图与汉语介词教学研究——以"给"类介词为例》一文运用语义地图直观解释留学生学习"给"类介词时产生偏误的原因，并针对不同国家学习者的实际情况对"给"类关系义介词的教学顺序做出安排。华侨大学赵旭的《事件整合视域下的对外汉语连动句教学》一文以事件整合理论为依托，从连动句的语法意义、连动句整合的认知基础和连动句的语法整合机制与条件三方面，为连动句教学提供理论依据和建议。香港教育大学李凌慧的《香港和内地的广告语言文化对比研究》一文对香港和内地同品牌的美妆广告画面和文案进行对比研究，探究两地语言状况和背后的文化成因。

此外，华侨大学林刘巍的《情态否定的表达方式》一文根据情态成分和否定成分的组合把情态否定的表达方式分为四类，并根据是否符合形式—意义映射的理想情况对这四种组合出现频率的差异进行分析。华侨大学刘丙丽、周洪学的《白话文主谓宾词类构成的演化及其在华文教学中的应用》一文则基于依存语法理论对其所构建的从唐五代到现当代 5 个语料库中的语料进行分析，旨在研究汉语白话文中主谓宾词类构成的历时演化。

七　中华文化与文化教学研究

华文教育研究离不开中华文化的传承与传播研究，暨南大学赵敏的《以茶文化为载体的中华优秀传统文化在留学生中的传播实践探索》一文在经实践发现茶文化是中华优秀传统文化对外传播的绝佳载体后探究了中华优秀传统文化真正有效、长效传播的必要条件。"中餐繁荣计划"是"海外惠侨工程"八大计划之一，华侨大学华文学院沈玲的《中国餐饮文化在智利的传播现状分析》一文对圣地亚哥中餐厅经营者概况进行抽样调查，考察其对中国饮食文化的了解情况。首都师范大学邵明明的《印尼华裔新生代中华语言文化传承机制研究》一文以生物生态理论为基础，采用质化与量化相结合的方法对华裔新生代中华语言文化传承系统进行梳理分析，构建了印尼华裔新生代中华语言文化传承机制。大理大学余成功的《再议华文教育中的中华传统文化教学》一文细致讨论了在新时代全球中文学习者中文水平较高形势下，华文教育中的中华传统文化教学的教学内容、方法和目标问题。黑龙江大学杨微的《中华文化传承与传播的语言路径探索》一文基于语言形式的分析与聚合解读中国历史、民俗等，研究语言要素与文化内涵的交融问题，探索文化传播的语言路径。

华侨大学张娜的《基于知识图谱的我国华侨华人认同研究》一文则基于CiteSpace 梳理分析 CSSCI 数据库中 1992 年 1 月~2023 年 4 月 "华侨华人认同研究" 相关期刊论文，探究不同时段发文量差异的原因并给出研究建议。

第六届华文教育国际学术研讨会议题设置前沿，专家学者发言踊跃，大会学术氛围浓厚。研讨会为世界各地华文教育领域的学者提供了深入交流的机会，增进了学者们的友谊，推动了华文教育事业的发展。据悉，第七届华文教育国际学术研讨会将于 2025 年在暨南大学举办。

Summarization of the 6th International Symposium on Chinese Education

ZHAO Yaqing   LI Yijin

Abstract：The theme of the 6th International Symposium on Chinese Education is "Integration and Development of Chinese Teaching in the New Era". Ten senior scholars and Chinese education experts gave plenary lectures on the theme of the symposium. Scholars from home and abroad shared and exchanged their findings on hot spots such as Chinese education theory, Chinese teachers, Chinese teaching and teaching resources, Chinese acquisition, Chinese and teaching applications, and Chinese culture and cultural teaching.

Keywords：New era，Chinese education，Symposium

作者简介

赵雅青，华侨大学华文教育研究院讲师，硕士研究生导师。研究方向为华文教育、现代汉语语法。[Email：yaqingzhao@126.com]

李宜锦，华侨大学华文教育研究院硕士研究生。研究方向为华文教育、现代汉语语法。[Email：2190139678@qq.com]

新时代华文教育如何融合与发展

日本横滨山手中华学校　张岩松

提　要　华文教育已经进入新时代，如何应对新的变化是华文教育工作者需要思考的问题。本文从何为新时代的融合与发展、新时代融合与发展的"华文教育＋"两个方面进行探讨。本文认为，新时代华文教育的融合与发展体现在"新维度""新深度""新广度""新模式"四个方面。新时代华文教育的融合与发展需要注重"华文教育＋AI＋数字化"发展，"华文教育＋'三宝'（侨团、华媒、华校）"联动，还要着力解决华文教育"养家、养老、涵养"的问题。

关键词　新时代；华文教育；"华文教育＋"

华文教育要培养以中华文化为根基，掌握双语或多语，了解多文化、多元价值观，具有华侨精神的华侨华人，这是海外华文教育培养学生的根本目标。华文教育的根本任务是育人，海外华校的根本任务是传承，因此华文教育研究应该将更多人、财、物投入育人研究。华文教育同样是国家和民族的事业，应该从国家战略高度推动其可持续发展。

如今，华文教育已经进入新时代，如何应对新的变化是华文教育工作者需要思考的问题。

一　何为新时代的融合与发展

华文教育新时代的融合与发展体现在四个方面：新维度、新深度、新广度和新模式。

（一）新维度

1. 驻在国

例如，日本政府宣布日本社会将要进入 society 5.0 的社会。1.0 是原始的狩猎社会，2.0 是农耕社会，3.0 是工业社会，4.0 是现在的情报社会，5.0 就是要进入电子化、数字化的时代。

2. 祖（籍）国

从时间维度来看，中国从站起来到富起来到强起来。从历史维度来看，我们要为实现中华民族伟大复兴的中国梦而奋斗。从全球的维度来看，中国政府提出要构建人类命运共同体。

中国渐渐地从"请进来"到"走出去"，那么中文和中华文化的海外传承和传播就显得极其重要。海外华侨有一个使命，那就是主动服务中国的国家战略。了解中国国家战略的底层逻辑是什么，这样海外华侨就可以借中国发展的东风顺势而为。

3. 全球

不仅是日本、中国，目前全球都在推进数字化、数据化、网络化、智能化。华文教育也应向数字化、数据化、网络化、智能化方向发展。

4. 后疫情时代

第一，后疫情时代加速了新时代，给新时代按下了快进键。疫情加速了数字化、网络化、智能化。

第二，因为社会变化迅速，所以不确定就变成了常态。只有变是不变的，今后的社会也会处于不断变化之中。

第三，后疫情时代因为大国博弈，民间力量将发挥民间先行、以民促官的重要作用。全球华校联盟就是用这样的思路建立的。作为民间的华校、民间的华文教育力量，我们应该敢为天下先。

华文教育是中国语言文化在海外传承和传播的重要力量，随着中国不断发展，华文教育力量也会不断壮大，所以海外华侨、华文教育工作者不仅应打好侨牌、讲好华侨故事，更要讲好华教故事。

（二）新深度

1. 语言

在华文教育中，中文学习的定位到底是什么，是母语学习还是第二语言学习，还是接近于国内语文教学的学习？关于这个问题，在我们学校——横滨山手中华学校已经讨论近 30 年，从这近 30 年来看，随着学生成分、家庭环境的不断变化，我们中文教学方法在不断转换和演变。

我们华文教育工作者都应该思考我们教学对象的家庭情况怎么样、家庭语言环境怎么样，我们可以根据调查结果不断地调整教学课程和教学内容。

2. 文化

在华文教育中，文化是很重要的。我们应该教有中华文化标识的一些课程或者项目。在横滨山手中华学校，我们开设了舞狮子、民族舞蹈、武术、民乐、剪纸等中华文化课程。同时十分重视节庆文化，例如春节全校一起包饺子吃饺子、元宵节煮汤圆、端午节发粽子、中秋节发月饼、国庆节发红白喜包。这样可以让学生通过有代表性的食物，更深刻地记住这些节庆文化，从而体验中华文化、产生文化自信。通过文化体验和学习来培养学生的民族自豪感和民族归属感，这比语言学习更重要。

3. 育人

开头我们讲到华文教育的根本任务是育人。那么怎么教书育人？实际上就是从小培养学生的生活习惯、学习习惯、礼貌习惯等各种习惯，还包括学校跟家长进行家校共育。这些实际上都是非常值得深入探讨的话题。除此以外，我们不应该把教学视野仅仅停留在学生在学校的这几年或者十几年，还要关注学生今后的道路。华文学校现在已经变成学生、家长、教师和广大华侨的精神家园。也就是说我们会关注学生的一辈子，这是我们对学生的一种负责的态度。因为只有这样，才能真正地知道把学生培育成一个什么样的人，并且今后不断改善以更好育人。

4. 传承

第一，学生传承。据了解，欧洲华文教育的教学对象已经从华二代渐渐地向华三代、华四代转变。华二代如果对中文和中华文化的理解不深，就很难让自己的孩子，即华三代、华四代去上周末制华文学校。

第二，家长和教师传承。现在大部分家长、办学的校长和教师都是中国改革开放以后移民到海外的，也就是俗称的"新华侨"。第一代华侨有"落叶归根"的想法，今后家长、教师也会落地生根，但是他们还能不能像第一代华侨那样对中国有这么强烈的归属感是值得探讨的问题。

第三，校长的传承。校长的传承极其重要。海外华文学校能不能靠非家族血缘关系传承也是应该深入探讨的话题。

（三）新广度

1. 区域

华校应该从"各自为政"到区域联合。当然每个国家的区域不同，但应该了解别的华文学校在做什么、别的区域在做什么。

2. 驻在国

要互相交流，共享、共建、共创，而且要建立有凝聚力、能引领的全国性华教组织。例如英国中文教育促进会已经成了一个有凝聚力、能引领的全国性华教组织。全国性华教组织一定是经过长期沉淀、长期酝酿、长期磨合形成的。

3. 海内外

无论是哪个国家、哪个区域都应该实现海内外互动互补，而且要常态化。海内外的互动互补，实际上可以让华侨更好地争取正当权益。2023年9月7日，十四届全国人大常委会立法规划发布。其中，华侨权益保护法列入十四届全国人大常委会立法规划，归属第二类项目。这是中华人民共和国成立以来一个跨时代的历史巨变，要保护海外侨胞的合法权益，因此海内外互动互补一定要常态化。

4. 全球

通过全球华校联盟这个平台，各个国家的华教工作者可以互动互补常态化。比如荷兰的学校去意大利访问，英国的学校去德国访问，通过这样不断互相了解、互相交流才能形成一个更好的、大家共同发展的良好机制。

（四）新模式

1. 学习模式

华文教育要共谱新篇章，一定要从学生怎么学习中文、学习中华文化入手。中国华文教育基金会秘书长于晓明确指出信息化超过标准化、正规化、专业化的重要性。什么是信息化？个人认为主要是 AI 化、网络化、数据化、线上线下融合。这是历史潮流，是历史的车轮，是不能阻挡的，所以我们只能主动地去迎接信息化，去研究、分析，然后找出自己学校信息化的道路。

2. 培训模式

现在海外华文师资培训模式已经完全不符合海外实际的一线需求，培训应该做到以下"三化"。

常态化。什么是常态化呢？在中国线下或者线上培训，有些地方组织了不同领域的培训，这就叫常态化。

精准化。根据每个国家、每个地区，甚至每个华校、每个华文教师的不同情况定制精准化的培训方案。

碎片化。短期集中培训已经完全不符合要求。我们应该把各种培训内容碎片化，让教师们可以随时随地学习。

3. 经营模式

横滨山手中华学校经过长期发展和积累，已经形成了董事会、家长会、校友会和后援会。华校是否都可以成立这四个会？因为只有这四个会才能真正地经营华校。建立新的经营模式，这是学校发展的根本。

4. 获利模式

华文教育需要情怀，更重要的是，要让华文教育良性发展、可持续性发展，一定要有获利模式。所以我们应该想一想怎么将公益化和商业化并行，而且能打造有情怀、有使命的教育产业，因为这样才能让华文教育走得更远。

二 新时代融合与发展的"华文教育＋"

1. 华文教育＋ AI ＋数字化

以横滨山手中华学校为例，我们做了一些华文教育的解决方案。

我们与中国教育部全球中文学习平台，还有中国人工智能领军企业——科大讯飞联合开发了学中文的 AI 产品——"e 学中文"（见图 1）。我们学校也是全球中文学习平台授予的海外首家应用示范学校，这款产品主要是可以弥补周末制学校碎片化学习的不足，也可以帮助周末制学校弥补短板，而且可以让学生自主化学习。除此之外，该产品还可以帮助学校教师从后台更好地看到学生的学习情况，实现数据化管理。这是我们打造的一款产品，也是给各个周末制学校提出的解决方案。

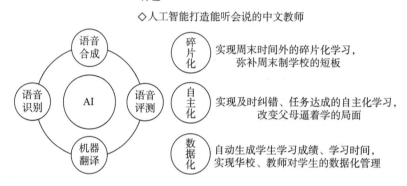

图 1　"e 学中文"设计特色

"e 学中文"在被学校投入使用以后，为 44 个班级提供定制化的中文教学资源，服务师生人数超过 1000 人。截至目前，教师在云平台下发作业 408 份，学生练习 6130 次。在学生使用了 1 个学期之后，小学部的中文学习成绩提高了 15.4%，初中部中文学习成绩提高了 9.6%，而且按照相同的时间，抽取 5 次作业的样品，可以看到学生的学习成绩提高率达到了 8.83%。这样的产品提高了学生学习的效率，也激发了学生学习的兴趣。

2. 华文教育 + "三宝"联动

侨团、华媒、华校是华侨社会"三宝"，也是华侨社会的基石。华文教育为侨团、华媒培养接班人，是华侨华人社会可持续发展的关键。为促进华文教育更好发展，侨团、华媒、华校应该共享、共建、共创，互相团结、互相包容、互相帮助，这样可以在当地汇集更多的力量，为华文教育服务，为华文教育提供更多的资源。

3. 华文教育"三养"问题

华文教育要想真正发展，还要着力解决"三养"问题。

一是养家。只有华文教师可以通过从事华文教育养家糊口，华文教育才能做到专业化。华文教育工作者如果不能以此谋生，他们不会在这个华文教育里投入更多的时间、精力。

二是养老。如果从事华文教育可以养老，那么也就解决了华教工作者的后顾之忧，没有了后顾之忧才能实现真正的正规化，华文教师也能全身心投入。

三是涵养。华文教育只有做到以教养教、在本地"造血"，才能真正传承和涵养更多的华教领袖，才有更多的领军人物站出来。只有这样，华文教育才能发展。

（本文根据张岩松校长大会报告录音整理而成）

How to Integrate and Develop Chinese Eeducation in the New Era

ZHANG Yansong

Abstract：Chinese education has entered a new era, and how to respond to new changes is a question that Chinese educators need to think about. This paper explores the integration and development of the new era, as well as the integration and development of "Chinese education+" in the new era. This paper argues that the integration and development of Chinese education in the new era are reflected in four aspects: "new dimensions"、"new depth"、"new breadth" and "new models". The integration and development of Chinese education in the new era need to pay attention to the development of "Chinese education+AI+digitalization", the linkage of "Chinese education+'three treasures'(Chinese organizations, Chinese media, Chinese schools)", and try to solve the problems of "supporting families, elderly care, and conservation" in Chinese education.

Keywords：New era, Chinese education, Chinese education+

作者简介

张岩松，日本横滨山手中华学校校长，全球华校联盟发起人，国务院侨务办公室华文教育专家指导委员。[Email：zhys1999@gmail.com]

新时代澜湄流域三国华文师资培养的困境与出路*

云南师范大学云南华文学院　云南省南亚东南亚华文教育研究中心

邓芳玲　黄启庆

提　要　新时代泰国、缅甸、老挝的华校发展面临挑战，营利型汉语培训机构的迅猛发展给传统华校带来了招生与办学的压力，华文师资队伍自身也存在地域差别形成的水平参差等问题，这需要通过高质量本土华文师资培养来化解。文章采用 TPACK 理论，结合案例分析及叙事研究设计，通过深度访谈和文本分析对案例学校专业课程设置特色不明显、专任教师对华裔生学情分析不足、教学内容与教学法缺乏针对性等问题展开研究，以期为澜湄流域三国培养高质量华文教师、发挥华文教育基地在南亚东南亚辐射中心建设中的作用建言献策。

关键词　澜湄流域三国；华文师资队伍；祖语教学

一　引言

进入新时代以来，云南与澜湄国家采取多种合作方式共建经济走廊，云南对东南亚国家产生了较强的辐射影响，其中，对缅甸、泰国和老挝的辐射较强，辐射强度分别为 7.223、6.397 和 5.969（梁双陆、刘英恒太，2022）。"语言相通"是经济走廊建设的重要基础（贾益民，2014，2016），华文的经济价值在澜湄流域三国日益凸显，华文教育事业迎来了春天，同时存在一些问题，比如海外华文教育缺乏整体规划、祖语教学特点不突出（曹贤文，

*　基金项目：本研究受教育部中外语言交流合作中心一般项目"基于《国际华文教师专业能力标准》新时代泰缅老本土华文教师专业发展模型构建研究"（项目编号：23YH02C）、教育部语合中心国际中文教育创新项目"澜湄中文教育共同体探索与实践"（项目编号：21YH017CX4）、国务院侨务办公室课题"'大统战'格局下澜湄五国华文教材价值观及育人拓展研究"（项目编号：22GQB028）资助。

2014）、华文教学质量参差不齐等，而建设一支优质的华文师资队伍是化解以上问题的关键。

　　学界关于华文师资队伍建设的讨论大多存在于华文教育历史与发展现状相关研究（刘德燊，2001；傅曦、张俞，2001；念青，2015；吴应辉、杨叶华，2008；郭熙，2020；李春风，2021）中，也有学者从祖语或传承语教学角度讨论华文教育及华文教学的相关问题（林瑀欢，2021；李英姿，2022；郭熙、祝晓宏，2023；郭熙，2024），或对比祖语教学与二语教学的区别（曹贤文，2017；邵宜、卢月丽，2023）。一些学者在语言规划与祖语保持问题的研究中也讨论了华文师资队伍建设的问题（白娟，2019；王汉卫、白娟，2023），还有一些研究聚焦于区域国别祖语教学个案（吕崇伟，2020；韦九报，2021）和祖语与身份认同（何杨纬芸，2016；萧旸，2021）。目前，华校办学最突出的困难是师资和资金（曾毅平，2024），而现在关于澜湄流域三国高质量华文师资培养的研究还较少，所以本文以国内 X 学院华文教育专业为案例，尝试探讨以下三个方面的问题。（1）新时代[①]澜湄流域三国本土华文师资的发展瓶颈是什么。（2）案例学校面向澜湄流域三国华文教育专业课程教学建设的现状及问题是什么。（3）如何面向澜湄流域三国培养高质量本土华文师资队伍，助力华校走出困境。

二　研究设计

1. 调查对象

　　西南 X 高校（以下简称"案例学校"）在澜湄流域三国中有较高的知名度，该校的华文教育专业课程教学建设历史较长，所以本文将其作为案例，以就读案例学校 2016~2023 级华文教育专业的泰国、缅甸、老挝学生作为研究群体，采用同质选样法和极端案例选样法得到 29 个样本，样本包含华文教育专业在读生、已完成海外教学实习的学生和毕业生三个类别，该样本平均年龄在 21~26 岁，这些学生在毕业后将是澜湄流域三国本土华文师资队伍

---

　　① 　文中"新时代"指的是党的十八大以来中国式现代化全面推进、中华民族实现伟大复兴的时代。

中的种子教师[①]。

2. 研究方法

本文主要采用质性研究方法论下的案例分析和叙事研究方法，具体研究方法为个人深度访谈法和自传型叙事研究法。个人深度访谈聚焦澜湄流域三国华文教育发展现状、申请华文教育专业的原因及就读体验，共访谈12场，转录38399字。自传型叙事研究关注缅甸华裔生华语学习经历和来华就读体验，以此来描摹祖语学习全景。缅甸华文教育复杂的发展情况在澜湄流域三国中较具有代表性，故以缅甸华裔叙事故事为分析的主线，并在必要的时候与泰国及老挝华裔的叙事分析结果进行对比。2016~2020级[②]的258份海外教学实习报告为文中图表统计和相关内容分析提供佐证，以上研究设计可达到三角互证之效。

三 澜湄流域三国华文师资队伍发展现状与困境

1. 营利型汉语培训机构迅猛发展增加了华校师资流失的内外风险

语言教育可作为一种资本积累，能帮助人们实现阶层跨越与理想抱负（Zimmermann & Muth, 2020），近年来中资企业及密集型工业园区在澜湄流域三国的发展迅速，华文的经济回报率显著增长，类型多样、规模不等的语言培训机构在泰国、缅甸、老挝发展迅速，华语与英语、日语、韩语成为很多语言培训机构的主要课程（见图1、图2）。

据访谈发现澜湄流域三国类型多样且规模不一的汉语培训机构发展迅速，有规模较大的连锁培训中心，比如缅甸仰光金光学院、MTM汉语培训学校；也有从小学到高中学段的一贯制汉语培训学校，如泰国清迈德拉学校；还有知名度较高办学资源丰富的汉语培训中心，如泰国清迈恩益家、清迈云岭中小学、缅甸博文培训学校、CSK汉语培训中心、老挝必优汉语教育中心、木兰私塾、智信汉语培训中心、德霖汉语培训中心等。当前培训机构

---

① 本文所称"种子教师"指的是为解决澜湄流域三国高质量华文师资短缺问题而培养的华文教师，是毕业后能够胜任当地华语教学、管理工作，并具有科研反思能力的人才。

② 案例学校留学生海外汉语教学实习时间为大三下学期，2021~2023级留学生还未开展实习。

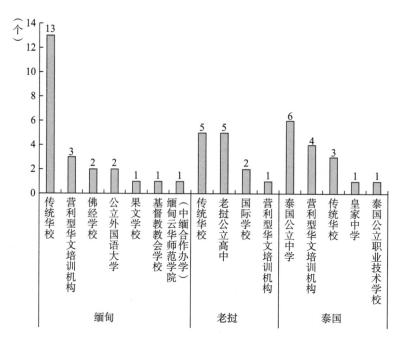

图1 澜湄流域三国汉语教学机构分布

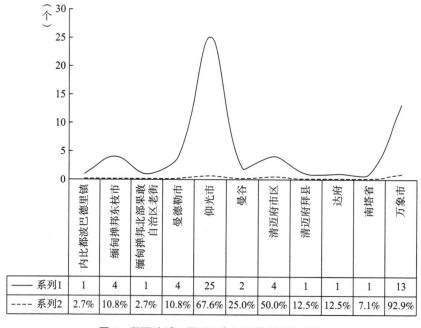

	内比都波巴德里德里镇	缅甸掸邦东枝市	缅甸掸邦北部果敢自治区老街	曼德勒市	仰光市	曼谷	清迈府市区	清迈府拜县	达府	南塔省	万象市
——系列1	1	4	1	4	25	2	4	1	1	1	13
----系列2	2.7%	10.8%	2.7%	10.8%	67.6%	25.0%	50.0%	12.5%	12.5%	7.1%	92.9%

图2 澜湄流域三国近三年汉语培训机构分布

迅猛发展是因为澜湄流域三国目前对汉语人才的学历要求基本为本科，且该区域中资企业的大部分岗位对 HSK 证书也没有硬性要求（郑崧、尹建玉，2023），而中资企业的工资待遇又优于其他行业，所以快速拥有汉语口头表达能力作为入职敲门砖是汉语学习者（顾客）的主要诉求，而培训机构以顾客需求为中心的速成教学服务也得到教育市场的认可。

当汉语教学成为一种服务产品时，师资对吸引与保持生源至关重要，根据访谈发现培训机构都希望招募有教学经验的本土华裔教师来保证教学质量以稳固生源，也会以高薪来吸引有留学经历的年轻汉语教师。其次，汉语培训机构大多分布在经济发达地区，"虹吸效应"吸引着传统华校教师前往培训班兼职或辞职自己开办培训机构，国外学者也发现缅甸私立补习中心的教师大部分来自其他源流的学校，虽然政府有规定不允许教师兼职，但此情况已是公开的秘密 (Bray, Kobakhidze and Kwo，2020)。无论是辞职还是兼职，优质华文师资从华校流向汉语培训市场已是事实，给华校办学和招生造成外在压力。另外，华校办学在学制、课时量、师资结构比例等方面往往受限于当地教育政策，难以像培训机构一样提供个性化服务来满足学习者的不同需求，比如缅甸一些非华裔家长希望孩子能够快速用汉语进行日常交流，而传统华校周课时少，开设的课程相对较难，教学效果往往难以达到家长心理预期，转学使华校生源流失增加了华校办学的内在压力，也是经营困难的主要原因之一。

2. 澜湄流域三国华文师资力量与教学质量存在较大的地域差别

澜湄流域三国华文学校主要分布在经济水平较高的城市或临近中国的地区，不同地区间华文教育质量参差不齐。

如图 3 所示，缅北华校约占全缅华校总数的 80%~90%（张婧、吴应辉，2023），华校多分布在北部掸邦、景栋和果敢地区。缅中曼德勒和缅南仰光两个城市经济发达且华侨华人众多，华文师资队伍整体水平高于其他地区。泰国的华文学校大部分集中在与云南相邻的泰北地区，以清迈为中心向周边县城与村落发散。老挝万象市、沙湾拿吉市、南塔省和乌多姆赛省都属于中老铁路沿线建设经济带，那里华人聚集、边境贸易发达，老挝几所大型华校和培训机构也都分布在此（见图 3）。

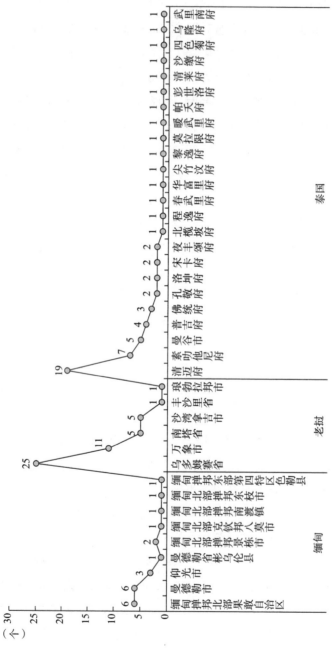

图3 澜湄流域三国汉语教学机构地域分布

　　澜湄流域三国的城市与农村的教育资源差距显著，华文师资队伍规模也存在地域城乡差异，例如泰国清迈华文师资的总体水平要高于泰国其他地区，泰北少数大型华校华文师资队伍规模可达到 100 名以上，而清迈周边县城或乡村微型华校汉语师资力量则十分单薄，有的地方仅 3 名教师。老挝的本土汉语教师多任教于寮北学校、中老友谊学校、寮都公学等知名华校，其他地区则相对很少。缅南地区经济较为发达，具有来华留学背景的本土华文教师比例较高，专业背景也较为对口，缅北地区华文教师老龄化现象严重，特别是周边村落区域。另外，依据访谈记录及掌握的基本信息整理出华文教师汉语等级水平分布图可见总体上澜湄流域三国基础教育学段本土华文教师汉语水平基本都在 HSK 3 级至 HSK 6 级之间，持有 HSK 高等级水平证书的教师很少，虽然同一学段内华文教师华语水平都属于中级，但其实不同国家、地区、学校之间还是存在比较明显的差距（见图 4）。

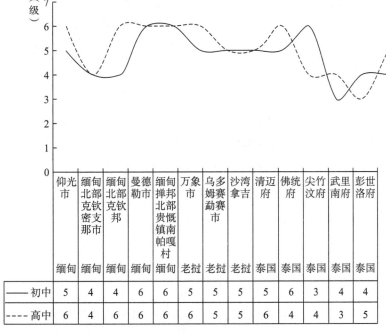

	仰光市	缅甸北部克钦密支那市	缅甸北部克钦邦	曼德勒市	缅甸掸邦北部贵慨镇南帕嘎村	万象市	乌多姆赛勐赛市	沙湾拿吉	清迈府	佛统府	尖竹汶府	武里南府	彭世洛府
	缅甸	缅甸	缅甸	缅甸	缅甸	老挝	老挝	老挝	泰国	泰国	泰国	泰国	泰国
—— 初中	5	4	4	6	6	5	5	5	5	6	3	4	4
---- 高中	6	4	6	6	6	6	5	5	6	4	4	3	5

图 4　澜湄流域三国基础教育学段华文教师 HSK 等级水平分布

进一步来看，此差距体现在华校师资队伍的学历层次、专业背景、汉语能力三个方面，市区的华文教师能获得较多的专业发展学习机会，年龄梯队也较为合理，欠发达地区则情况相反，比如缅北华校因经费短缺，办学资源渠道单一，华文师资队伍整体质量较低，体现在师资学历层次低、专业背景不对口、师资队伍年龄梯队老龄化突出。另外，若从华文教学理念来考量，大部分华文教师缺乏将华文作为祖语进行教学的理念，也鲜有教师能对华裔生祖语能力个体差异进行分析，比如缅甸由北至南大致从华语作为母语教学逐渐过渡为汉语作为第二语言教学（赵紫荆，2015），泰国与老挝有华校将华裔生单独成班，但是从教学速度与课本难度等级的不同进行区分，教学理念也未跳脱母语或二语教学两种模式。

华语课堂教学方法传统、教学活动设计单一、拓展性和趣味性不足、教风严苛是澜湄流域三国传统华校的共同问题，而学生就读体验会对其职业规划产生一定影响，倘若华文教师缺乏活力与热情会影响学生在职业规划中对教师这一职业的考虑，特别是在教师总体薪资待遇不高的情况下，学生更倾向于就职于企业或公司，比如很多华裔生的择业意向倾向于翻译公司、跨国公司或自主创业。加之历史因素遗留下的台系华校问题，让澜湄流域三国华文教学面临的问题复杂且艰难，华文师资队伍青黄不接问题越发明显。

以上问题的根源在于优质华文师资队伍数量较少，难以实现统筹规划，华文教学理念与方法没有体现出祖语教学的优势，华文科目的学习体验感欠佳。将华裔生祖语学习者培养成优秀种子教师是迎接这一挑战的最佳方案，而此方案的推进与实施单靠住在国的华社力量难以实现，需要祖籍国提供大力支持与协助，可见海外华文教育发展与国内华文教育专业建设是同生共存的关系。

四 新时代澜湄流域三国华文师资队伍建设的瓶颈

（一）华文教育专业培养课程体系建设与祖语生华语学情分析密不可分

澜湄流域三国本土华文师资队伍建设是一项艰巨的工程，了解该群体的华语学习背景是基础。缅甸的华语教学情况最为复杂且华裔生华语学习背景多样，此处便以缅甸华裔生叙事为分析基础，在必要的时候与泰国、老挝华裔进行对比。在多语社会背景下，祖语学习者的祖语水平与祖语能力个体差异都较大（萧旸，2021），从祖语者特征来看，祖语的三个发展阶段即语言接触、语言转用和语言保持在五位叙事者身上都有所体现（萧旸，2021）（见表1）。

表1　叙事者基本信息概览（带 * 号为家庭主要使用语言）

叙事者	性别	年龄	国别	家庭使用语言	汉语学习时长	祖语启蒙学段	祖语学习渠道和方式
A1	女	22岁	缅甸掸邦北部贵慨镇南帕嘎村	*云南方言 缅语 普通话	15年	幼儿园	华兴学校（传统华校）龙泉学校（传统华校）
A2	女	22岁	缅甸中部曼德勒市	*缅语 普通话	10年	小学	家教 曼德勒福庆学校孔子课堂（中缅合办）
A3	女	23岁	缅甸南部仰光市	*缅语 方言 普通话	10年	初中	仰光金光汉语培训班（营利型培训机构）仰光东方孔子学院（中缅合办）
A4	男	24岁	泰国清迈府	*泰语 方言	11年	初中	崇华新生华立学校（传统华校）
A5	男	23岁	老挝万象市	*老挝语 普通话	12年	小学	中老友谊学校（传统华校）

华人移民海外后为谋生一般会积极使用该国语言，华语自然退居其次，但同时也看重华语传承，比如缅甸华裔最早在幼儿园或小学阶段接触汉语，可以在早期学段保持双语并进，而泰国与老挝的华裔大多从初中才开始学习汉语，更接近二语学习。

缅甸华裔生都有祖语学习中断的经历，比如因和缅文学校学制冲突而中断或放弃华语学习，"15岁初中毕业后因为要入学缅文高中的原因，到中文学校休学了三年，之后很难跟上学习进度"（A2）。"我从幼儿园开始学中文，小学和中学也没有停止过，与缅文学校学习时间错开，每天都去学习华文，只有高三中断了，因为要高考"。（A1、A3）泰北和老挝北部华校华裔生会有同样的祖语中断经历，但其他区域若同化程度较高，一般来说家庭会根据自身经济情况决定是否持续将汉语作为二语来学习。

澜湄流域三国华裔生祖语启蒙方式与初始能力也存在较明显的个体差异。缅北地区的华语教学媒介语多为云南方言，所用教材为中国九年义务教育系列教材，这是一种接近母语的教学方式，语法知识大多依靠语感进行教学与纠错，后期华语语法范畴无法获得母语式发展。倘若在启蒙阶段就读于台系华校，汉语四要素等都存在转换的问题，比如繁体字是否转为简化字、注音符号是否换作拼音等。但总体来看，缅北华裔生的华语水平较高，口语能力接近母语水平，对中国文化知识也有一定的了解，而类似的情况也存在于泰北华人村落和老挝北部省份。

在曼德勒和仰光，祖语学习是趋近于第二语言学习的汉语学习，此区域华语教学媒介语则多受福建、客家方言的影响，大部分教学机构使用的是HSK系列教材。华裔生群体日常交流大多倾向于使用缅语，融入当地社会程度较高，华语学习内在动机较弱，家庭间祖语水平能力差距明显，但都知晓一定中国文化常识，例如："我的汉语学习经历开始于2008年，当时我6岁，妈妈给我请了一位家教教师开始教我拼音。从8岁就开始上中文小学班，但我没有好好听课、没有好好做作业，为了想拿证书才去上的课。"（A2）泰国和老挝的大部分华裔生和此地域华裔祖语学习相似。

澜湄流域三国华裔生均属于早期双语使用者，融入当地社会程度越深，祖语水平也就越低于社会主流语言水平，比如缅北贵慨市华裔华语水平要比缅语好，曼德勒及仰光地区华裔缅语水平大多高于华语水平。当一种语言被定义为祖语时，该语言的地位与声望都需要机制来保障，家庭虽是祖语保持的重要因素，但当华裔生父母自身教育背景较差、经济水平和社会资源较弱时，华校及华文师资队伍对澜湄流域三国的祖语保持教学就极为重要，所以华文教育专业课程设置是一项艰巨的任务（郭熙，2019）。

（二）华文教育专业培养课程体系设计及教学方法适切性分析

祖语教学体系建设应当是华文教育专业的底色，但因现实因素掣肘，国内能够对此予以重视并付诸实践的院校机构并不多，下文借鉴 TPACK 理论结构对案例学院课程进行清晰划分并做相应的分析，如图 5 所示。

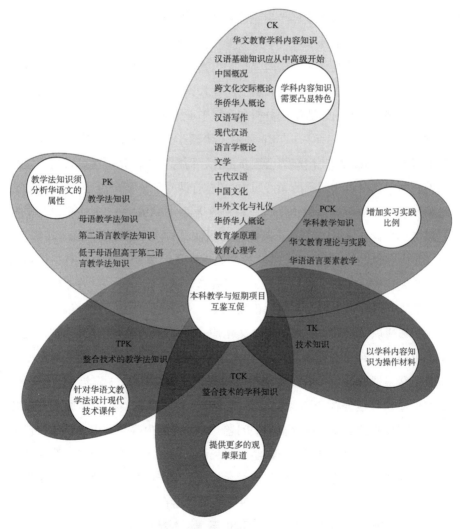

图 5　案例学校华文教育专业课程设计分析

1. 华文教育专业主干课程及教学法祖语教学特色不明显

理论上 CK 模块 15 门课程应是华文教育专业的主干课程，旨在提升华语语言能力和传承中国文化，但汉语作为第二语言的教学理念和方法几乎贯穿所有课程，祖语教学底色淡化，祖语学情分析不足，既无法满足华裔生的学习需求，也埋没了华裔生的语言优势。祖语教学需考虑语言背景、语言能力、语言使用和语言态度四个要素（潘克菊、杨连瑞、陈士法，2024），此四要素在课程教学设计中对应华裔生受教育程度、祖语学习时长、学能个体差异、华语学习动机、文化认同感几个因素。目前的顶层设计中对教学重难点定位模糊，比如华裔生的语法属于隐性知识，语感分析是其进行语言调整的主要方式，显性的语法结构分析和高级书面语表达是华裔生的学习的痛点（何杨纬芸，2016），而采取与非华裔二语教学同轨的方式会适得其反，比如华裔生关于成语的使用能力会逐步退化，而隐性语法知识难以转化为显性知识会加大其在语法课程的学习阻力，"综合课对于华裔来说是比较容易的，时间长了反而觉得汉语倒退了，特别是成语部分"（A1）；"现代汉语，语言学概论那些课听不懂，不会分析那些（语法结构），有时候苏苏（非华裔）都会了，我也还是不懂"（A3）。教学缺乏特色，华裔生部分具有祖语特色的语法表述被看作是二语偏误来纠正与教学（李计伟，2023）等原因让华语教学效果不尽如人意。在文化课程教学中，华裔生群体在文化寻根方面的需求常常被通识文化知识覆盖，侨乡文化是一种专属华裔生的精神内核，应当予以重视并对其充分挖掘用之于教学，"我们这边百分之九十的人对中华文化及生活习惯都有一定程度的了解和体会，小学都学过一些的，对于文化，我们更喜欢寻根那样的"（A2）。跨文化交际概论课程、教育学原理与教育心理学课程的教学设计也存在类似问题，比如课程内容与国内外祖语、传承语、少数族裔语教学研究、祖语学习与身份认同、文化认同研究内容结合不紧密。忽视祖语属性的专业课程教学容易让学生产生怠学情绪，降低学生专业满意度与忠诚度，间接造成华文种子教师的潜在流失。

2. 华语作为祖语的教学理论课程体系建设有待完善

在实习报告中，大部分华裔生都提到在面向当地学校华裔与非华裔混合班或纯华裔班开展教学时对教案准备、教学方法应用、教学内容设计等方面都感到困惑。PCK 学科教学知识部分应包含华文教育理论与实践、华语语言要素教学两门课程，这是提升海外华文教师教学能力的核心课程，需对区域国别的祖语学习者特征进行系统化与规范化的分析，还需将华文教育历史发展与现状融入华文教育理论教学设计。其中，华语语言要素教学课程建设应结合华语的三次域外播迁，以及华语地位及语言属性来设计，又和华裔的语言生活相联系，这是一项复杂的祖语教学规划工程，也是华文种子教师培养不同于二语教师之处，但目前案例学院此模块课程和汉语国际教育专业同轨，教学理念与范畴均以汉语作为第二语言教学为纲领，培养课程体系无法满足海外华校华文教学的现实需求。最后，华文种子教师培养的关键是理论应用于实践，因为教学经验的获得是经过无数次操练得来的（李泉，2021），须以形式多样、渠道丰富为准则来完善实习实践方案。

3. 现代教育技术课程应充分考虑海外华文教育市场的应用背景

疫情后录课、网课、微课、自媒体短视频等线上资源凭借实惠便捷的特性成为澜湄流域三国青少年学习汉语的新途径。高质量华文师资队伍应该是一支能驾驭现代教育技术的队伍，这支队伍能够助力开发适用于本土华语文教学的数字化学习资源，从实习报告中也发现学生对辅助汉语教学信息技术的掌握需求仅低于对教学法和课堂管理的掌握需求。TK 环节课程包含 Office 基础知识讲解与操作，以及常见视频照片制作的软件如剪映、醒图、OBS 等的应用，现行课程设计对现代教育技术相关理论介绍与软件操作的讲解较为全面，但教育技术应用不能仅停留在操作层面，还需要培养学生整合技术与学科知识的意识，软件教学可以与澜湄流域三国历史文化、文化对比、唐人街语言景观等主题融合，启发学生将华文教育知识内容以现代教育技术手段予以呈现。同时，鼓励任课教师将交互式课件、微课、中文学习游戏互动平台等多种方式多应用于日常教学，以增加学生对现代教育技术的体验感，强化融合教育技术与华文教学的理念思维，改变华文教学多以传统教学法为主的刻板印象。

华文教育专业课程培养体系适切性不足的主要原因是顶层设计中对祖语教学的定位、性质及内涵规划不清晰，汉语国际教育与华文教育专业同轨让专业区分失去意义。从长远来看，新时代发展背景下澜湄流域三国对高质量汉语人才的需求会不断提升，特别是汉语人才的读写能力。培训机构和华文学校的教学质量和本土教师专业发展都需要一支高质量的华文师资队伍作为保障，祖语教师的专业能力能够更好地应对海外多元语言文化背景下的汉语教学，澜湄流域三国的国际中文教育事业的发展离不开高质量华文师资队伍的建设。

五　澜湄流域三国建设高质量华文师资队伍的出路

2016~2017 年度，世界华侨华人数量约 5800 万（庄国土，2020），新增人数近一半来自中国新移民，其数量超过 1000 万，新移民对汉语的学习不会是一种二语学习，高质量华文师资队伍建设是新时代澜湄流域三国华裔生祖语持续保持的关键。

1. 建设澜湄流域三国华文教学数据库，增强华文教育专业祖语教学底色

祖语教师的专业能力应远高于第二语言教师（萧旸，2021），祖语教师专业能力提升的核心是掌握区域国别华文教育及教学的发展现状，并能因地制宜、因时因景地选择合适的祖语教学方式。澜湄流域三国华文教育发展现状较为复杂，华校生存环境多变，有必要进一步对澜湄流域国家华语家庭教育、社区教育、华校教育等场域的华文教学情况进行摸底梳理（祝晓宏，2021）。积极主动与海外实习单位建立合作关系网，掌握海外不同类型的华文教学机构的华文师资队伍现状，形成海外华文机构与师资数据库，进一步分析当下华文教师专业能力及素养的培养方向与需求。同时，以祖语教学理念为纲领在已有基础上推进华文教材编写、华文教辅资源建设、华文课程规划、华文教师培训、华文考试测试等工作，形成有针对性的区域国别祖语教学方案，增强华文教育专业办学特色，全面提升祖语生华语文听、说、读、写四项能力，加强与海外华文教育机构合作，建立海内外华文教育机制。

2. 以培训项目资源反哺专业课程教学建设，提升华文教育专业课程适切性

华文教育短期培训项目面向一线华文教师开设，华文教育本科专业培养"种子教师"，华文教育专业线上教学资源建设。华文教育专业课程录课，华

裔青少年冬、夏令营以及一线华文教师与校长培训应当和华文教育本科专业建设共生共长。一线华文教师培训班的培训内容涵盖华语文的教学重难点、华语文教学法、高效课堂管理及课堂活动组织等。培训项目课程可为专任教师提供备课参考，项目学员所分享的海外华文教学案例能折射当下澜湄流域三国存在的华语文教学难题，能为专任教师提供教学教研思路，案例也可作为华文教育专业课程教学的补充内容。此外，侨乡夏令营活动可为侨乡文化课程建设提供丰富的素材，案例学院所承接的华文教育线上教学资源建设成果是现代教育技术与学科内容知识整合的典型案例，可作为教育技术课的展示资源，以此促进学生对技术与学科知识融合的理解。

总之，整合短期培训项目与本科课程专业建设是搭建"种子教师"与"熟手教师"沟通桥梁的有效途径，来华参训的熟手教师能够定期将当地华教现状与需求反馈给在校学习的种子教师，通过"以师带徒"的形式实现华文教师相承，最大限度避免潜在华文师资的流失，也能够定期根据海外华文教学情况展开教学反思。以上措施可以让华文教育专业课程教学建设紧扣澜湄流域三国华文教育发展现状，提升专业课程教学的适切性。

3. 华文教师专业发展"校本化"是夯实三国本土华文师资专业能力的有效途径

当前澜湄流域三国大部分华文教师缺乏专业背景，新入职教师在工作后通过短期集训也难以达到预期目标，因为祖语或传承语的相关理论知识内容的学习与实践所需要的时间和精力只有在四年本科学习阶段才能得到有效保证。华文教师的本科阶段学习可被看作华文教师的职前专业发展，系统化、模块化、沉浸式深度学习能使"种子教师"打下扎实的基础。另外，祖语教学理论与应用结合的实践过程对华文教师专业核心能力提升非常重要，完善在校期间的教学实践模式与渠道是关键，可加强与当地优质中小学合作，提供多种观摩渠道让学生感知汉语作为母语的教学方式与特色，同时加强与中国云南边境地区的中学的交流，启发学生反思面向"小留学生"①群体和汉语作为母语教学有何不同，双渠道观摩方式可加深华裔生对华文教育专业内涵

---

① "小留学生"指的是在基础教育学段期间就读于云南边境城市中学的华裔或非华裔生，多就读于腾冲市民族完全中学、瑞丽市第三民族中学，他们大多来自缅甸和老挝。

的理解，增强华文种子教师关于祖语或传承语的教学反思能力。最终培养一批能够运用祖语理论知识帮助当地华校开展本土教师专业发展培训，实现造血工程的高质量华文师资队伍。

4. 拓宽祖语学习者就业网络渠道，重塑新时代祖语价值

海外华语传承属于国家语言能力建设的一部分（郭熙、祝晓宏，2023），那么华语作为祖语的生命力与保持力应是国家语言能力建设水平的衡量标准之一，语言保持生命力的动力在于高使用频率和广场域交际，将祖语生的祖语能力与其职业生涯规划相联系能够充分激活祖语的生命力，从而形成祖语生的华语学习向心力。比如，云南边境职高院校积极响应澜湄流域合作经济走廊建设，开设了铁路运输、物流、跨境电商等专业，吸引了很多周边国家学生前来就读，云南勐腊职业高中 2019~2022 学年的老挝学生有 620 人（勐腊县职业高级中学，2022），为跨国经济合作区建设培养了很多"汉语＋职业"的技能型人才。案例学院应积极拓展与云南边境职高院校及中学的合作领域，共同完善"职业＋华文"专业大纲。案例学院还应关注边境区域中学语文课程教学建设，针对澜湄流域三国国情与现实需求共同优化边境城市基础教育学段内面向"小留学生"群体的语文科目教学方法。同时积极拓展实习基地合作网络，加强与海外汉语培训机构的合作，为华文种子教师拓展就业渠道。

综上所述，以优化华文教育课程专业教学建设为抓手，使华语融入祖语生的语言生活，让中华优秀传统文化与其人生观、世界观、价值观紧密相连，最终让华裔生群体积极投入南亚东南亚辐射中心建设，使华语能力成为其实现人生价值的必要条件，画出最大同心圆，同圆共享中国梦。

六　总结

当前，澜湄流域三国华文教育迎来了发展机遇与挑战，新移民数量成倍增长，高质量本土华文师资队伍建设更显迫切，而目前澜湄流域三国华文师资队伍建设存在发展不均衡、教学质量参差不齐等问题。在汉语培训市场急速发展的冲击下，华校更有危机感。澜湄流域三国华校的招生压力与生源

流失危机同样折射在我国华文教育专业办学上，二者命运相连。本文梳理了澜湄流域三国华文师资队伍发展现状，分析了华裔生群体的学习需求，剖析了案例学校华文教育专业课程教学建设的不足，进而提出优化建议，以期培养建设一支高质量华文师资队伍来缓解当地华文师资紧缺等问题，从而助力华校应对目前的生存压力、实现可持续发展。文章不足之处在于案例分析的局限性，今后的研究还可进一步扩大案例数量，如果能增加量性数据，则会更全面地呈现出澜湄流域三国华文教育的发展全景，从而提出更多可行性建议。

参考文献

白娟（2019）《华文教育中的家庭语言政策驱动机制和影响分析》，《语言战略研究》第
　　4期。

曹贤文（2014）《"继承语"理论视角下的海外华文教学再考察》，《华文教学与研究》第
　　4期。

曹贤文（2017）《海外传承语教育研究综述》，《语言战略研究》第3期。

傅曦、张俞（2001）《老挝华侨华人的过去与现状》，《八桂侨刊》第1期。

郭熙（2019）《华文教学概论》，北京：商务印书馆。

郭熙（2020）《新时代的海外华文教育与中国国家语言能力的提升》，《语言文字应用》第
　　4期。

郭熙、祝晓宏（2023）《海外华语传承规划应进入国家语言能力建设视野》，《语言科学》
　　第6期。

郭熙（2024）《21世纪以来的华语研究及理论演进》，《昆明学院学报》第1期。

贾益民（2014）《关于海外华语文教师专业发展研究的思考》，《世界汉语教学》第3期。

贾益民（2016）《"一带一路"建设与华文教育新发展》，《世界华文教学》第2期。

李泉（2021）《汉语国际教育专业硕士培养方案修订建议》，《国际中文教育（中英文）》
　　第2期。

林瑀欢（2021）《海外华语传承研究综述》，《语言战略研究》第4期。

梁双陆、刘英恒太（2022）《"一带一路"与云南边缘增长中心的形成》，《边界与海洋研
　　究》第2期。

刘德桑（2001）《老挝的华文教育》，《东南亚纵横》第 2 期。

李春风（2021）《缅甸华语传承模式研究》，《语言战略研究》第 4 期。

李计伟（2023）《传承语特征还是习得偏误？汉语传承语学习者与二语学习者的区分及其相关问题》，《国际中文教育（中英文）》第 8 期。

李英姿（2022）《〈传承语：一个语言接触的路径〉述评》，《外语教学与研究》第 6 期。

吕崇伟（2020）《中文作为传承语教学未来发展的挑战与展望——以澳大利亚新南威尔士州为例》，《华文教学与研究》第 3 期。

念青（2015）《华文教育在老挝》，《博鳌观察》第 1 期。

潘克菊、杨连瑞、陈士法（2024）《〈牛津语言损耗手册〉述评》，《当代外语教育》第 1 期。

邵宜、卢月丽（2023）《论华文教育与国际中文教育的关系》，《华文教学与研究》第 8 期。

吴应辉、杨叶华（2008）《缅甸汉语教学调查报告》，《民族教育研究》第 3 期。

萧旸（2021）《多语意识形态下的传承语教育与身份研究》，《国际汉语教学研究》第 4 期。

韦九报（2021）《日本华裔生祖语传承个案研究》，《华文教学与研究》第 4 期。

王汉卫、白娟（2023）《华二代祖语保持研究》，广州：暨南大学出版社。

郑崧、尹建玉（2023）《东盟三国劳动力市场中文人才需求研究——基于越南、泰国和印尼招聘网站数据的分析》，《云南师范大学学报》（对外汉语教学与研究版）第 6 期。

庄国土（2020）《21 世纪前期世界华侨华人数量、分布和籍贯的新变化》，http://qwgzyj.gqb.gov.cn/yjytt/215/3341.shtml（2024-07-15）。

曾毅平（2024）《海外华文学校发展困境、期望与因应之策》，《天津师范大学学报》（社会科学版）第 1 期。

张婧、吴应辉（2023）《缅甸中文教育双轨格局及其影响因素》，《天津师范大学学报》（社会科学版）第 3 期。

祝晓宏（2021）《近十余年来的华语研究：回顾与前瞻》，《语言文字应用》第 2 期。

勐腊县职业高级中学（2022）《勐腊县职业高级中学 2021—2022 学年质量报告》，https://www.ynml.gov.cn/jyj/5249.news.detail.dhtml?news_id=1460556。

Bray, T. M., Kobakhidze, M. N., & Kwo, O. W. Y. (2020) *Shadow education in Myanmar: Private supplementary tutoring and its policy implications*.UNESCO & Comparative Education Research Centre (CERC), the University of Hong Kong.

He, Agnes, Weiyun（何杨纬芸）(2016) "Discursive roles and responsibilities: a study of inter-actions in Chinese immigrant households." *Journal of Multilingual and Multicultural Development*, 37(7).

KHIN KHIN TUN（赵紫荆）（2015）《缅甸汉语教学类型及地理分布研究》，中央民族大学博士学位论文。

Zimmermann, M., & Muth, S. (2020) " Entrepreneurial visions of the self: Language teaching and learning under neoliberal conditions." *Multilingua*.

The Dilemmas and Solutions of Cultivating Local Chinese Teacher in the Three Countries along the Lancang-Mekong River in the New Era

DENG Fangling   HUANG Qiqing

Abstract：In the new era, Chinese schools in Thailand, Myanmar, and Laos face both opportunities and challenges. With the surge in the number of people learning Chinese in the Lancang-Mekong River Basin countries, profit-driven Chinese language training institutions have experienced rapid development, which has put pressure on traditional Chinese schools in terms of enrollment and operation. Furthermore, there are issues such as uneven levels of development in the construction of local Chinese language teaching staff in these three countries and delays in the development of "Vocational + Chinese Language" curriculum teaching. The construction of a high-quality local Chinese language teaching staff has become a bottleneck restricting the rapid development of Chinese education in Myanmar, Laos, and Thailand. This paper adopts the TPACK theory combined with case analysis and narrative research design. Through in-depth interviews and text analysis, it is found that the case institution currently has problems in the construction of curriculum and teaching on the major of Chinese language Education , including lack of distinctive features in specialized course settings, insufficient analysis of the learning situation of Chinese students, and lack of targeted content and teaching methods. The paper then explores how to help Chinese schools relieve pressure and overcome difficulties by cultivating a high-quality Chinese language teaching staff for the Lancang-Mekong River Basin countries.

Keywords：Three countries along the Lancang-Mekong river, Language teachers, Cultivation of local Chinese teacher

作者简介

邓芳玲，云南师范大学云南华文学院讲师，博士，研究方向为华文教育。[fanglingdeng@sina.com]

黄启庆，云南师范大学云南华文学院教授，博士，研究方向为国际中文教育和现代汉语词汇学。[147627946@qq.com]

易混淆抽象名词"成果"和"效果"的型式搭配与语义特征验证*

提　要　"成果"和"效果"是一对高频义近易混淆抽象名词。文章基于"BCC 语料库",尝试从型式搭配角度考察其语义特征。分析 16 组型式搭配,发现"成果"具有收获性、实体性、主观性、积极性等语义特征,可用于大规模、高程度的领域;"效果"具有客观性、可变性等语义特征,适用范围较广。"成果"和"效果"的对比研究将有利于相关易混淆词的教学,可以回应汉语教学的迫切需求。

关键词　语义特征;型式搭配;抽象名词

一　引言

"成果"和"效果"是一对高频义近易混淆抽象名词,学习者在使用过程中会出现混淆的情况,例如:

(1) 从这一点看,男女分班制度非但不能达到这种成果 [* 效果],反而会培养孩子的过分自我及性别优越感,扭曲了孩子自然的本性心理,将来步入社会也无法适应当代社会的生活方式及需求,灾害随之而来。(引自"HSK 动态作文语料库")

(2) 时间是不等人的,时代的要求也越来越高,所以为了提高我们的能力,提高自己的素质,我们应该不断地追求进步,珍惜时间,让我

---

*　本研究是 2023 年度国家社科基金一般项目"型式语法视域下汉语易混淆词比较研究"(项目编号:23BYY049)阶段性的成果;同时获国家语委"十四五"科研规划 2022 年度科研项目"中华思想文化术语的当代阐释与价值引领研究"(项目编号:YB145-51)资助。

们能取得良好的效果 [* 成果]，来面对现在的时代。（引自 "HSK 动态作文语料库"）

虽然"成果"与"效果"属于高频义近易混淆抽象名词，但同 / 近义词词典对"成果"和"效果"的专项分析较少，大多是将之放在三组到四组的词语中进行综合比较。相关情况如下。

第一，《现代汉语词典》第 7 版（中国社会科学院语言研究所词典编辑室，2016：165，1447）。

1）成果：工作或事业的收获，如丰硕成果、劳动成果。
2）效果①：由某种力量、做法或因素产生的结果（多指好的），如教学效果、效果显著。

第二，《商务管学汉语近义词词典》（赵新、李英，2009：83~84）。

1）都可以作名词，都指事物的最后状态，但意思和用法不同，一般不能互换。
2）"成果"指工作或事业上的收获，是褒义词。如珍惜别人的劳动成果、取得了不少成果、取得显著的成果。
3）"效果"表示某种行动、方法、事物产生的作用或影响，是中性词，但多用在好的方面。如效果很好、起到预期的效果、效果不是很理想。

第三，《1700 对近义词语用法对比》（杨寄洲、贾永芬，2005：1273）。

1）两者都可以用的，如取得成果（效果）、教学效果（成果）。

---

① 在《现代汉语词典》（2016）中"效果"有两个义项：❶由某种力量、做法或因素产生的结果（多指好的）；❷指演出时人工制造的风雨声、枪炮声（音响效果）和日出、下雪（光影效果）等。本文只探讨义项❶。

2）可以用“成果”不能用“效果”的，如成果很多、丰硕成果、劳动成果、科研成果、改革成果。

3）可以用“效果”不能用“成果”的，如良好的效果、治疗效果。

4）“效果”不可数，“成果”前面可以带数量词。

第四，《汉语近义词词典》（马燕华、庄莹，2002：81）。

1）都指好的结果。

2）适用范围不同，“成果”是褒义词，一般指人们努力工作后的收获；“效果”是中性词，多指好的结果，一般是主观感觉上的结果。

第五，《近义词使用区别》（刘乃叔、敖桂华，2003：204~208）。

1）适用范围不同，“成果”是褒义词，一般只用于工作、科研等，适用面较窄；“效果”是中性词，适用面较宽，如“声音”“图像”“报告”“医疗”“演讲”“谈话”。

2）搭配动词不同，“成果”搭配的动词都是带有褒义色彩的词语，如“取得”“获得”“拥有”等，“效果”常和“产生”“收到”等词语相结合。

3）可以用“效果”不能用“成果”的，如不好的效果、不理想的效果。

上述研究概括了“成果”和“效果”的一些异同点：如“成果”和“效果”都是指某种事物、某种态势、某种行动形成发展的最终形态或阶段。“成果”多与学习、事业、科学研究等领域相互关联，是褒义词；“效果”适用范围很广，是中性词。李广生（2019）则从具体的“教学成果”和“教学效果”出发，对“成果”和“效果”进行语义分析，认为“成果”和“效果”的区别点在于是由外部判定还是自身起实际作用。这些都有利于加深人们对于"成果"和"效果"异同的理解，但相关分析仍较为笼统。在实际使用时，学习者其实很难单从"适用范围不同"的角度进行辨析，如刘乃叔、敖桂华（2003：205）提及"效果"可搭配"医疗"，但"医疗"作为工作、科研领域方面的词语，"医疗成果"的搭配也符合语义。再如杨寄洲、贾永芬（2005：1273）认为可以用"良好的效果"，但不能用"良好的成果"，但在实际应用中，也不乏"良好成果"的表达。另外，"成果"与"效果"在语义色彩上并非褒贬全然对立，两者在搭配动词时也存在较多差异。

综上，"成果"与"效果"的比较仍有较大研究空间。方清明（2020）提出，当前易混淆词的比较辨析依然遵循传统方法，多从基本意义、感情色彩、语体色彩、词性等方面进行比较，未能凸显型式搭配的强大作用。"型式"（Pattern）是指特定词语（主要是名、动、形三大类实词）和其他语法成分共现的有意义的多词序列。型式是词汇和语法的交会点，同时是意义呈现的一种方式，例如"ad+坚持""具有+n"就是相关型式。型式语法理论认为不同的型式与不同的意义相关联；相近型式与相近意义相关联，但型式与意义并不是简单的一一对应关系。如"N+问题"型式的认知机制在于"问题"的临时概念化功能；而"问题+N"型式的认知机制在于N是否具有"有问题"这种区别属性。在"N+问题"之下还有下位型式，如"产品NP+问题""变量NP+问题""语言NP+问题"等；型式层级大小与研究细腻度相关。型式搭配分析基于语料库的实证数据，高度重视易混淆词的搭配复杂性和频率差异，具有稳定性、客观性的特点，能较为完整地清晰展现词义，弥补传统语义差异分析的不足。型式搭配分析侧重词语在特定语境中的使用，能够揭示词语在搭配时的偏好与倾向，是系统考察易混淆抽象名词的有效途径。

本文利用"北京语言大学汉语语料库"（以下简称"BCC语料库"），从型式搭配视角，对"成果"和"效果"这组高频义近易混淆抽象名词进行考察。

二 从动词看"成果"和"效果"的型式搭配和语义特征

1. 只与"成果"搭配的动词

"享受"类动词。我们将"享受、分享、享用、坐享"等称为"享受"类动词。"成果"可以与这类动词搭配,"效果"基本无此用法。例如:

（3）a. 享受文化成果、分享团队成果、享用高新科技成果、坐享成果

b.* 享受文化效果、* 分享团队效果、* 享用高新科技效果、* 坐享效果[①]

"成果"指"工作或事业的收获"(《现代汉语词典》第 7 版,2016:165),强调了收获的一面,因而"享受"与"成果"搭配,具有语义相宜性。"成果"虽然是抽象名词,但在实际应用中多作为展现个人或团队工作成效的标志,可以代指现实生活中的实际物品,具有一定的实体性。实体性通常用于定义某个词语所指代的对象或概念是否切实存在。"成果"的实体性体现在它指代的是完成某项任务或活动后所取得的实际结果,包括成品、成就、荣誉等切实存在的物质实体。而"效果"更多指因果效应,不具备实体性,一般没有"享受效果"或者"享用效果"的搭配。

"产出"类动词。我们将"产出、出、拿出"等称为"产出"类动词。"成果"可以与这类动词搭配,"效果"一般无此用法。例如:

（4）a. 产出优秀成果、出成果、拿出实用性成果

b.* 产出优秀效果、* 出效果、* 拿出实用性效果

"产出"类动词强调行为输出的实质性结果,通常暗示了某种实体的出现或生成。当"成果"指代通过努力、行动所获得的实际结果时,更倾向于

---

① 相关搭配实例皆引自 BCC 语料库,* 指语感上不太能接受的搭配。

与这类侧重于实际性输出的动词相契合。"效果"一般不与"产出"类动词搭配使用。

"推广"类动词。我们将"推广、推进、推动"等称为"推广"类动词。"成果"可以与这类动词搭配，"效果"无此用法。例如：

（5）a. 推广科技成果、推进科技成果、推动科技成果

b. * 推广科技效果、* 推进科技效果、* 推动科技效果

"成果"是指个人或集体努力后的收获，具有一定的社会性、收获性。因此，为了让收获能发挥更大、更优良的效益，主体往往会选择通过宣传、改良等手段提升"成果"的价值。不过值得注意的是，虽然也存在"推广效果"的固定搭配，但此处的"推广"作修饰语使用，一般不说"推广 XX 效果"。

2. 只与"成果"搭配的动词

"达到"类动词。我们将"达到、起到、实现、产生"等称为"达到"类动词。"效果"经常带上修饰语与这类动词搭配，"成果"一般无此类用法。例如：

（6）a. * 达到相同成果、* 起到明显成果、* 实现理想成果、* 产生良好成果

b. 达到相同效果、起到明显效果、实现理想效果、产生良好效果

"效果"可以指某种因素导致的结果或产生的影响，涉及的方面较广。"达到"类动词多形容抽象事物或某种程度，可以与"效果"搭配。"成果"具有实体性，一般指现实生活中具体的某项收获，一般不与这类动词搭配。

"强化"类动词。我们将"加强、强化、增强、突出"等称为"强化"类动词。"效果"可以与这类动词搭配，"成果"一般无此类用法。例如：

（7）a. * 加强表达成果、* 强化增收成果、* 增强实际成果、* 突出

整体成果

　　b. 加强表达效果、强化增收效果、增强实际效果、突出整体效果

　　"效果"可以是尚未发生的影响或者作用，它需要主体努力才可能得到增益。而"成果"一般为已经发生、已经取得的结果，不再受主观意志的影响，因此一般不能说"加强成果""强化成果"等。

　　"试试"类动词。我们将"试试、试一下、看看"等称为"试试"类动词。"效果"可以与这类动词搭配。例如：

　　（8）a.* 试试产品成果、* 试一下收听成果、* 看看实际成果

　　b. 试试产品效果、试一下收听效果、看看实际效果

　　"成果"是已知的、明确的、相对静态的、不会再改变的，相对而言，"效果"有流动性、可变性。且"效果"的"效力"又是其自身内在实际发挥的功用所决定的，可以由主体进行测试、尝试。"成果"一般无此类用法。

　　3. 与二者都能搭配的动词

　　"有无"类动词。"成果"和"效果"都可以与"有无"类动词搭配，但语义仍不尽相同。"成果"在与"有无"类动词搭配时，构成"有成果、没有成果"等。"有成果"表示具有的属性，表示有所建树、有所成就，呈积极义，如例（9）；"没有成果"表示没有收获什么结果，呈中性义，如例（10）。

　　（9）a. 自己在科学上有成果是一种享受，但同时要学会如何从别人的成就中获得乐趣。（《文汇报》2000年1月）

　　b. 搞好专业建设的同时，学校常抓教学改革，做到年年有动作，年年有成果。（《文汇报》2003年8月）

　　（10）a. 而同时它的组合方式又是无限的；它是不断发展的，可又完全是没有成果的。（茨威格《象棋的故事》）

　　b. 哨所的这次战斗远不是没有成果的。（雨果《悲惨世界》）

"有效果"表示产生了某种作用，能达到预期目的，呈积极义，如例（11）；"没有效果"表示没能发挥应有的作用，呈消极义，如例（12）。

（11）a. 可教授们只知道哪些中药有效果，具体怎么用来熬汤，要看实验效果。（《文汇报》2003 年 5 月）

b. 不幸的是，这些措施只在一定的条件下有效果。（饶柱石、施勤忠、荻原一郎《基于逆系统分析法的多输入－多输出系统动态载荷的优化估计》）

（12）龙云飞担心不已地开口，这一路上他也曾试过唤醒她，但是似乎都没有效果。（洛炜《痴心烙》）

"获取"类动词。我们将"获取、获得、得到"等称为"获取"类动词。"成果"和"效果"都可以和"获取"类动词进行搭配，但含义有所侧重。

（13）a. 本病的关键在于自身的免疫功能紊乱，故常规西医西药治疗难以获得满意效果。（《科技文献》）

b. 中国中医研究院基础理论研究所副所长程昭寰近年来针对亚健康状态进行的医学研究获得成果。（《人民日报》2000 年 1 月）

例（13）都属于医疗范畴，但倾向明显不同。如"治疗难以获得满意效果"里的"效果"是指病人的病情，代表某种状态。而"医学研究获得成果"里的成果是研究理论或治疗方法，代表某种成就、突破。

"巩固"类动词。我们将"巩固、稳固"等称为"巩固"类动词。"成果"和"效果"都可以和"获取"类动词进行搭配，但搭配的具体表现不尽相同。

（14）a. 每一培训后，可针对图书馆的实际，开展讨论，群策群力，提出有建设性的意见与办法，用以巩固学习效果，真正达到提高业务能

力和工作水平的目的。(《科技文献》)

b.二是帮助初步解决温饱问题的贫困人口进一步改善生产生活条件,**巩固温饱成果**,提高生活质量和综合素质。(《人民日报》2001 年 6 月)

例(14a)中的"巩固学习效果"指加深对学习经验的获取印象与效能,多指向现在。例 14(b)中的"巩固温饱成果"指完善加强原有的成就,可指向现在或未来。

三 从修饰语看"成果"和"效果"的型式搭配和语义特征

1. 只与"成果"搭配的修饰语

高程度类定语。例如:

(15)a. 重要成果、重大成果、辉煌成果、丰硕成果、先进成果

b.*重要效果、*重大效果、*辉煌效果、*丰硕效果、*先进效果

"成果"一般不与"微不足道""惨淡""贫瘠"等低程度类定语搭配,因为人们对于优秀、卓越事物的关注,往往要高于对于平凡、欠发展的关心。石毓智(2000)指出,只有高于社会平均值的量才具有认知凸显性,才容易进入人们的认知视野。再者,"成果"涉及诸如科技进步、经济发展等比较大的范围及领域,加之"成果"又含积极义,通常需要重大、辉煌、丰硕这类高程度类定语加以修饰。"效果"无此类用法。

领域类定语。例如:

(16)a. 科研成果、外交成果、文明成果

b.*科研效果、*外交效果、*文明效果

我们可以按照领域区分成果,因此"成果"可以搭配科研、外交、文明

等领域类定语。一般不说"科研效果""外交效果""文明效果"。

2. 只与"效果"搭配的修饰语

消极类定语。例如：

（17）a.*不良成果、*消极成果、*不好的成果、*不理想的成果

b. 不良效果、消极效果、不好的效果、不理想的效果

"效果"是指某种事物的结果或造成的影响，可以受主观影响而变得或好或坏，因此"效果"是中性词，兼具积极义与消极义，可以受消极类定语修饰。而"成果"指的是在各个领域的收获，是完成某项事业或者项目后达到的优秀结果，因此本身具有积极义，一般不与消极义形容词搭配。

功用类定语。例如：

（18）a.*保湿成果、*淬冷成果、*退热成果

b. 保湿效果、淬冷效果、退热效果

"效果"可以指某种事物产生的影响，因而可以搭配具体的、具有应用效应的功用类定语。"成果"基本无此用法。

3. 与二者都能搭配的修饰语

积极类定语。例如：

（19）a. 良好成果、好成果、显著成果、积极成果、理想成果

b. 良好效果、好效果、显著效果、积极效果、理想效果

"成果"和"效果"都可以和积极类修饰词搭配。这表现出"成果"和"效果"具有一定的正面选择倾向。

"教学"类定语。我们将"教学、教育"等称为"教学"类定语。"成果"和"效果"都可以与之搭配，但含义有所侧重。如"教学成果"是指

在教育教学等方面取得的工作经验或办法，可以指向主体，即教师，如例（20）。"教学效果"是指经过教学取得的相应的教学成效，可以指向客体即学生，如例（21）。

（20）40 多年来，各类中医药教育培养了 30 余万中医药专门人才，促进了学术带头人的脱颖而出和人才梯队的形成，并取得一批有相当水平的科研和教学成果。（《人民日报》1997 年 2 月）

（21）学校实行教师授课报酬直接与教学效果、所获成绩挂钩，奖罚分明，及时兑现，调动了教师的积极性。（《福建日报》1994 年 12 月）

数量类定语。值得注意的是，与杨寄洲、贾永芬（2005：1273）的观点稍有不同，"成果"和"效果"的前面都可以直接带数量短语，功能上有所不同。例（22）里"一项成果"具有可数性，可以变换成"两项成果""三项成果"等，例（23）中"一种效果"具有抽象性，但也可以说"一种效果""两种效果"等。

（22）驻泉州的原南京军区 180 医院外二科青年医师颜远坤和主任马国棣今年研制的一项成果——股骨颈"伸展式翼状加压螺纹钉"，获得国家专利。（《福建日报》1992 年 12 月）

（23）我国作曲家王立平的《红楼梦》插曲《枉凝眉》经服部的编配，亦别有一种效果。（《人民日报》1993 年 4 月）

四　结语

本文从型式搭配的视角比较分析了"成果"与"效果"的异同，其整体表现见表 1。

表1　"成果"和"效果"型式搭配的整体表现

搭配类型	成果	效果	搭配类型	成果	效果
1. "享受"类	+	-	9. "巩固"类	+	+
2. "产出"类	+	-	10. 高程度类	+	+
3. "推广"类	+	-	11. 领域类	+	-
4. "达到"类	-	+	12. 消极类	-	+
5. "强化"类	-	+	13. 功用类	-	+
6. "试试"类	-	+	14. 积极类	+	+
7. "有无"类	+	+	15. "教学"类	+	+
8. "获取"类	+	+	16. 数量类	+	+

注："+"表示可接受的搭配，"-"表示不可接受的搭配。

　　本文基于"成果"和"效果"在BCC语料库中的高频表现，得到16组型式搭配。这16组型式搭配不仅具有语义上的代表性，更在实际语境中具有重要的语言实用性，能够涵盖更广泛的使用情境。综合表1的16组型式搭配，我们将"成果"和"效果"的用法、特征归纳如下。"成果"可用来指代实际存在的物品，具有收获性、实体性、主观性、积极性等语义特征，多受外部的评价、判定影响，可用于大规模、高程度的领域。"效果"以主客体作用为导向，一般以其自身发挥的具体效力为核心，具有客观性、可变性等语义特征，适用范围较广。本文对"成果"和"效果"这组义近易混淆抽象名词的型式搭配进行描写与分析，揭示二者之间的微妙差异，希望为国际中文易混词的教学提供一定参考。

　　之所以选择"成果"和"效果"这一对义近抽象名词进行比较，除去其较容易让留学生产生偏误外，其微妙的语义差异也是重要原因。传统的同/近义词词典通常会将"成果"和"效果"与"后果""结果""成效"等词随机搭配进行比较，比如蔡少薇（2010）的"结果—成果—后果"、贺国伟（2009）的"效果—成效"。本文只选取"成果"和"效果"成组，不仅仅在于"成果"和"效果"结构类似又具有相同语素，而在于其语义具有相似性："后果"或"结果"在某些情境下可能更倾向于总结性的表述，而"成果"和"效果"更加侧重于描述一个过程中的行动和其产生的具体效应。相较于语义色彩对立较为明显的"成果—后果—效果"，"成果"和"效果"之间细小且相对模糊的褒义与中性界限更容易使学习者混淆。

传统的易混淆词教学多采用直接讲授词汇间差异再辅以例句加强理解的策略。这种教学手段能高效地推进课堂流程，但有时难免存在描述较为抽象、学生只记住概念、在具体情境中学生仍不清楚该如何区分应用的情况。王刚（2023）指出，型式与传统的语块、预制短语、多词单位、词汇化句干有相通之处，反映了关键词的典型使用环境和关键语义特征。在易混淆词的国际中文教学中引入型式搭配，有助于学生具象化相关词语的语义特征，从而进一步把握相关语的关键语义。而从另一角度看，型式搭配又进一步为近义词辨析提供了便利，只要提取好并把握住关键语义与搭配，任意一组义近词即可随时成组进行比较，具有灵活性与简易性。

在易混淆词语的国际中文教学中，可以先将易混淆词的关键语义定为核心，再围绕核心找出相关的高频搭配。如"成果"具有实体性。在实际教学中，教师可以通过创设"成果"实体性的教学情境展现"成果"与"享受"类、"产出"类、"推广"类动词搭配的有关例句，通过例句进一步引导学生归纳出"成果"的关键语义特征——收获性、实体性。

值得注意的是，虽然在对易混淆词语的型式搭配描写与分析中可能会总结出多项语义特征，但实际的国际中文课堂教学并不需要对每项型式与语义特征都进行说明。国际中文教师可以根据学生水平、教材内容等实际情况，重点讲解高频出现的、关键的语义特征，否则学生一下子接收过多信息可能容易"贪多嚼不烂"。

参考文献

蔡少薇（2010）《跟我学同义词》，北京：外语教学与研究出版社。

贺国伟（2009）《现代汉语同义词典》，上海：上海辞书出版社。

方清明（2020）《基于型式搭配视角的高频易混淆抽象名词辨析研究》，《语言教学与研究》第 4 期。

李广生（2019）《效果和成果》，"教育人生微信公众号，"https://mp.weixin.qq.com/s/jPRi9
　　ZH5znt9gzr4MLwPOw。

刘乃叔、敖桂华（2003）《近义词使用区别》，北京：北京语言大学出版社。

马燕华、庄莹（2002）《汉语近义词词典》，北京：北京大学出版社。

石毓智（2000）《论"的"的语法功能的同一性》，《世界汉语教学》第 1 期。

王刚（2023）《汉语易混淆抽象名词的语义特征与型式搭配研究》，华南师范大学硕士学位论文。

杨寄洲、贾永芬（2005）《1700 对近义词语用法对比》，北京：北京语言大学出版社。

赵新、李英（2009）《商务馆学汉语近义词词典》，北京：商务印书馆。

中国社会科学院语言研究所词典编辑室编（2016）《现代汉语词典》第 7 版，北京：商务印书馆。

Pattern Collocation and Semantic Feature Verification of the Confusing Abstract Noun "Chengguo-Xiaoguo"

HUANGQihong   FANG Qingming

Abstract："Chengguo-Xiaoguo" is a pair of high-frequency confusing abstract nouns. Based on the BCC Corpus, the article tries to examine its semantic features from the perspective of pattern collocation. Through the empirical analysis of 16 pattern collocations, it is found that "Chengguo" has the semantic features of harvesting, entity, subjectivity, and positivity, and can be used in large-scale and high-level domains. "Xiaoguo" has semantic characteristics such as objectivity and variability, and is applicable to a wider range. The comparative study of "Chengguo" and "Xiaoguo" will be beneficial to the teaching of related confusing words and respond to the urgent needs of Chinese language teaching.

Keywords: Semantic features, Pattern collocation, Abstract noun

作者简介

黄琦泓，华南师范大学国际文化学院硕士研究生。研究方向为国际中文教育、现代汉语语法。[Email：huangqihong0825@163.com]

方清明，华南师范大学国际文化学院教授，博士。研究方向为国际中文教育、现代汉语语法。[Email：fangqingm@126.com]

数字化转型中的国际中文教育
——历史趋势与未来展望[*]

华东理工大学外国语学院　王陈欣　郑国锋
上海外国语大学上海全球治理与区域国别研究院　彭丽华

提　要　在数字化转型背景下，学界对国际中文教育技术、教学设计和教师发展等议题展开了研究，但鲜有学者采用文献计量方法纵览该领域的发展历程，且相关热点分布、趋势、局限和空白的横向分析也有待深入。本研究运用 CiteSpace 软件对 308 篇相关文献进行了计量分析与可视化呈现，展现了该领域在过去 20 多年的螺旋式增长。研究热点主要涵盖数字教育规划、"数智"技术革新、智慧教学设计和教师数字素养等方面；研究方法以理论构建为主。未来的研究可尝试采用实证方法，加强对已构建理论的检验，同时可借鉴生态学视角，探究多层面因素对国际中文教育数字化转型过程的影响。

关键词　数字化转型；国际中文教育；计量分析

一　引言

近年来，教育部提出实施教育数字化战略行动，旨在积极发展"互联网＋教育"，加快推进教育数字转型和智能升级（教育部，2022）。国际中文教育作为我国教育事业的重要组成部分，其建设与发展也成了热点话题。国际中文教育数字化转型是指在现代学习理论和国际中文教育理论的指导下，将数字技术深度融入国际中文教育全领域，实现全流程、各要素的深层

＊　基金项目：本研究系 2023 年度中国高校外语慕课联盟课题项目（项目编号：cmfs-2023-0096）、2023 世界语言与文化研究课题（项目编号：WYZL2023SH0003）及华东理工大学大学生创新创业项目"数字化转型背景下的语言教师发展研究"的阶段性研究成果。

次创变，用数字技术讲好中国故事，助力构建人类命运共同体（徐娟、马瑞祾，2023）。依据国家战略规划，国际中文教育数字化转型持续推进。2021年，北京语言大学"国际中文智慧教育工程"正式启动，并在2022年与2023年先后发布了国际中文智慧教学平台1.0版与2.0版。在第六届中国—阿拉伯国家博览会中，中文联盟也展出了知远中文学习网、"网络中文课堂"、中文智慧教室、中文数字化教学资源等最新成果。在数字化转型背景下，学界围绕国际中文教育的技术、教学设计、教师发展等主题展开了深入研究（曲福治、丁安琪，2023；李宝贵等，2023；郑艳群，2023）。然而截至目前，很少有学者采用文献计量方法纵向分析该领域的发展历程，围绕已有研究热点分布、趋势发展、局限空白等内容的横向分析也有待深入。学界对该领域的发展现状与未来方向仍缺乏整体判断。

二　研究综述

近年来，在国际中文教育领域，综述类研究主题涉及"产出导向法"的应用（原佳妮，2023）、汉字教学法（马畅行，2022）、新冠疫情（高育花，2021）、教材建设（韩秀娟，2020）等，但大多数研究对数字化转型的背景关注不足。在相关综述研究中，汪晓凤等（2022）对国际中文教育领域的技术应用进行了分析。王陈欣（2020）对国际中文"慕课"平台建设及研究现状进行了梳理与分析。虽然两位学者的研究都与数字化转型中的国际中文教育相关，但是前者主要聚焦技术应用层面，对教师发展、政策规划等层面的分析不深入，后者则关注"慕课"建设，不涉及其他技术支持情境下的数字化转型。

此外，从研究领域上看，国际中文教育数字化转型研究应归属于计算机辅助语言学习（Computer Assisted Language Learning, CALL）研究。事实上，近年来国内外学者对CALL领域进行了持续探索。相关综述类研究主题涉及增强与虚拟现实（Huang et al., 2021）、人工智能（Shadiev & Yang, 2021）、社交媒体（Jessie, 2021）、语料库（Lim & Aryadoust, 2021）、慕课（Marwan et al., 2020）等，但是上述研究对国际中文教育的关注度不足、相关内容匮乏。因此，有必要对国际中文教育数字化转型的相关研究进行全面梳理，并对该领域的趋势变化、热点话题与局限空白进行深入分析。本研究将围绕以下问题展开，即在数字化转型背景下，国际中文教育研究呈现何种发展趋势；国际中文教育研究热点如何分布；国际中文教育研究涉及哪些主要研究内容与方法；国际中文教育研究存在哪些局限与空白。

三　研究设计

围绕上述问题，本研究首先采用文献计量方法，通过 CiteSpace 软件从历史角度对国际中文教育数字化转型研究的发展趋势与热点分布进行可视化分析。其次，聚焦具体的研究热点，结合相关文献阐释该领域学者主要采用的方法以及相关研究发现。最后，在上述研究发现的基础上，指出该领域研究有待突破的局限。

1. 数据收集

本研究选取的文献均来自中国知网。文献检索截止时间为 2023 年 12 月。文献类型为"全部文献"。检索条件为"主题"。主题词 1 为"技术"，主题词 2 分别为"国际中文教育""汉语国际教育与对外汉语教育"。主题词 1 与主题词 2 之间的关系为"并含"。通过主题词检索，初步得到 552 篇文献。再通过人工筛选，去除综述、书评、通知以及与本研究相关性不高的文献，最终得到 308 篇期刊论文用于后续分析。

2. 研究工具

本研究通过 CiteSpace 6.2 R4 软件对筛选后的 308 篇论文进行可视化分析。在研究中，CiteSpace 作为知识图谱绘制工具得到了部分学者的应用与检验。该软件可绘制多元、历时、动态的可视化图谱，这有助于呈现学科演化的潜在机制和学科发展前沿（陈悦等，2014）。本研究也将借助该软件的知识图谱绘制功能，分析数字化转型中的国际中文教育研究的热点分布与发展趋势。数据分析方法为将 308 篇期刊论文导入软件，时间阈值设为从 1993 年至 2023 年，引文节点类型为"关键词"，采用功能为"共现分析"，连线阈值数据强度为"夹角余弦距离"，节点阈值为"点数据"，数值为50，知识图谱网络编制模式为"寻径网络"算法。在通过该软件实施数据分析后得到聚类共现 Q 值为 08425，这说明聚类结构显著。S 值为 0.9453，这说明聚类合理。在此基础上，选择时间线视图，形成该领域研究的发展趋势与热点分布。

四　研究发现

通过 CiteSpace 软件对相关论文进行计量分析，可知数字化转型中的国际中文教育研究呈螺旋式增长趋势。该领域研究热点主要涉及政策规划、技术革新、设计迭代、教师发展、学生发展等方面。目前，该领域研究内容以理论建构为主，后续则亟须通过实证研究进行佐证与支撑。

（一）历史趋势

根据发文量统计（见图 1）可知 20 多年来，该领域研究总体上呈螺旋形增长趋势，具体又可分为两个发展阶段，以 2009 年与 2015 年为界。其中，1999 年至 2009 年为起步阶段，各年的发文量较少，每年均不超过 10 篇。相关研究最早出现于 1999 年，分别涉及多媒体、虚拟现实、网络通信等信息技术及相关教学手段。其中，杨惠芬、张春平（1999）首先分析了多媒体的作用，随后提出了由多媒体支持的国际中文教学方案。郑艳群（1999）介绍了虚拟现实技术的发展现状及对语言教学的作用，并在此基础上分析了虚拟现实技术支持国际中文教育的可行性。仲哲明（1999）从政策规划的视角分析了国际中文教育信息化建设的必要性，指出有关部门应开展调查研究、制定发展规划，在开发教育技术的同时，积极推进远程教育、促进教师发展。不可否认，上述学者在 20 多年前提出的理论思想与实践方案对如今国际中文教育数字化转型仍然具有启示作用，值得借鉴。

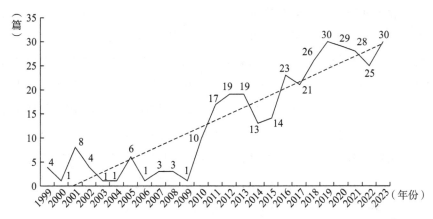

图1　1999~2023年国际中文教育领域发文量统计

第二阶段为稳步发展阶段，从2010年开始，至2015年结束。其中，2010年发文量首次达到10篇，该领域相关文献数量整体上呈较严格的指数增长（Price，1961），整个学科呈现大发展态势。2012年和2013年是该领域第二阶段发展的巅峰，该年发文量达到19篇。

2016年至2023年为高速发展阶段。在这几年中，各年发文量均超过20篇，其中，2019年、2023年发文量均达到30篇，这体现了该领域学者的持续投入与产出。笔者预测该领域在未来可能继续呈螺旋式发展，相关人士应继续加大关注。

（二）研究热点

通过CiteSpace时间线图谱，学者可清晰地发现相关文献的时间跨度，并在此基础上分析某一领域特定聚类研究的兴起、繁荣以及衰落过程（李杰、陈超美，2017）。通过对聚类时间历程的分析，学者能够总结出某聚类所代表的研究领域的发展规律，以此确定该领域研究热点的时间跨度。通过聚类图谱，可知数字化转型中的国际中文教育研究的热点涉及教育政策规划、教育技术革新、教学设计迭代、教师持续发展等主题。

1. 数字教育规划

数据显示，数字化转型中的国际中文教育规划研究是该领域的研究热点之一，涉及聚类包括聚类0（对外汉语）、聚类1（教育技术）、聚类4（数字化）等。此类研究体现了语言政策、语言教育、教育技术等学科融合的跨学科特征。例如，徐娟、马瑞祾（2023）基于国际中文教育全局视角，围绕技术的"重塑"作用对国际中文教育的政策规划提出了具体建议，包括强化教育治理、变革教学形态、夯实数字基座和提升数字素养四条实施路径。马瑞祾、梁宇（2023）聚焦数字化转型的逻辑理路，通过驱动逻辑、目标逻辑、实践逻辑分析了国际中文教育的内在规律与专业特征，并在此基础上提出了相关建议。李宝贵等（2023）结合生成式人工智能ChatGPT的特点与功能阐释了该软件对国际中文教育可能产生的影响。金晓艳、赫天姣（2022）提出统筹规划数字教学资源建设、培养国际中文教师数字胜任力和加强数字教学心理环境建设的规划与建议。刘利、刘晓海（2022）认为国际中文智慧教育体现了智能化、精准化、模块化、标准化、规范化的特征，是教育信息化的高级形态，需要通过理论跨界、模式创新、资源重构、技术融合、系统整合等路径来实现。吴应辉（2022）从新时代强国战略的视角切入，建议发展虚拟空间国际中文教育，并提出加强资源数字化建设。王辉（2021）分析了新冠疫情对国际中文教育的影响，并结合教师信息素养欠缺、教学平台不完备等问题提供了可行的建议。

从上述研究可知，数字化转型中的国际中文教育规划研究目前处于起步阶段。近年来，部分学者聚焦数字化转型的最新目标与要求，结合生成式人工智能等前沿技术的作用，分析该领域发展现状、提出意见建议及展望未来前景。该领域研究成果能为相关决策部门与机构提供一定的借鉴，但相关建议是否可行、前景展望是否属实仍需要实证研究加以检验。

2. "数智"技术革新

数字化转型中的国际中文教育"数智"技术革新是该领域的另一个研究热点，涉及聚类包括聚类1（教育技术）、聚类2（大数据）、聚类7（信息技术）等。此类研究主要探究教育技术在国际中文教育中的应用。例如，刘利等（2023）探讨了ChatGPT与国际中文教育融合发展的可行性，也指出了人工智能给国际中文教育带来的深远影响。钱丽吉、吴应辉（2023）介绍了元宇宙技术的系统特征与应用价值，并结合国际中文教育的现实需求分析了元宇宙赋能的必要性与紧迫性。刘玉屏、欧志刚（2022）聚焦人工智能技术，采用 SAMR 模型，从理论层面剖析了国际中文教育教学的新模式，提出了本土化、多元化、均衡化的发展路径。汪晓凤等（2022）的研究发现目前国内研究更关注技术对国际中文教学过程与资源的促进作用，并且学者主要依托的技术是网络和移动技术，对人工智能、虚拟现实等新型技术的关注较少。

近年来，国内学者已经意识到人工智能、元宇宙、移动通信等技术对国际中文教育数字化转型的重要意义，并围绕技术的应用特征及学科发展需求展开了关于教育教学创新的思考。然而，截至目前，大多数研究仍然处于理论建构层面。在数字化转型背景下，学界将逐步开展相关前沿技术应用研究，探索"数智"技术赋能国际中文教育发展的有效路径。

3. 智慧教学设计

除了教育政策规划与教育技术革新，国际中文智慧教学设计也是该领域研究热点，相关聚类包括聚类 4（数字化）、聚类 5（汉语教学）等。此类研究主要关注在数字化转型背景下，国际中文教学理念、目标、方法、模式等相关内容的转变。例如，蔡建永、刘晓海（2023）依托"国际中文智慧教学系统"，构建了"三段九步"教学模式，并通过实验对比研究，证实该教学设计能促进学习者的中文学习。杜敏、刘林燕（2023）认为应将中文教材与智能技术相结合，从而解决发展水平、教材类型、教育技术等方面的问题，并依托智慧教材推进国际中文教学设计创新。蔡燕、汪泽（2022）借助直播技术对国际中文教学模式进行了创新，并采用了技术接受模型（TAM），通过对 316 份问卷的量化分析，发现当前学习者的学习意愿处于可接受水平，但他们持续学习的愿望较低。此外，该研究发现在直播教学中，学习者的学习意愿受到感知有用性、感知易用性的影响。巴丹等（2021）依托远程教学技术，分析了当前国际中文线上教学的问题与现状，并提供了相应的解决方案。

研究发现，在远程、直播、人工智能等技术的支持下，学者在课堂中持续探索国际中文教学的创新方法与模式。此类研究主要是先基于相关教学理论构建新型教学模式，再通过实验、问卷调查等实证研究方法对该教学模式进行检验。此类研究存在的问题是将教学效果的提升视作某一次教学设计迭代产生的应然结果，忽视了教学改革过程中存在教师、学生等多种人为变量，这些都可能对实验结果产生动态、复杂的影响。未来，学者可采用行动研究、基于设计的研究逐步完善已有教学模式，也可深入一线，采用课堂观察、田野调查、历时访谈等方法追踪学习者的真实变化，通过多种数据对前期研究结论进行补充验证。

4. 教师数字素养

国际中文教育数字化转型对教师发展提出了新的要求。教师数字素养成为该领域的研究热点。相关聚类包括聚类 3（国际汉语教师）、聚类 5（汉语教学）、聚类 6（信息时代）等。近年来此类研究成果丰富，涉及理论与实证研究两个方面。

理论研究方面，王鹤楠等（2022）通过对教师数字化发展政策和相关研究成果进行内容分析，构建了国际中文教师数字能力的 3 个层次、6 个实践维度以及 18 项能力，并在此基础上提出了相应的发展路径。李晓东等（2022）根据国内外教师数字能力标准，采用德尔菲法对 13 位专家进行了 3 轮问卷调查，并结合层次分析法构建了国际中文教师数字能力模型，为数字化转型中的国际中文教师发展奠定了理论基础。刘婷婷等（2022）在整合技术学科教学知识（TPACK）框架的基础上构建了国际中文教师 TPACK 模型，并且阐释了数字化转型背景下国际中文教师发展的现实困境及实践路径。李宝贵、庄瑶瑶（2021）总结出当前国际中文教师面临硬件环境变化、教学标准缺位、信息素养缺失、主观意识不足等困难，并结合具体问题阐释了相应的提升路径。

实证研究方面，王陈欣等（2022）采用图画描述与半结构访谈等质性方法开展个案研究，发现国际中文教师在远程教学过程中可通过教学反思、听取学生意见、集体研讨、接受专业培训等路径促进数字胜任力的发展。刘玉屏等（2021）对 205 位在职国际中文教师的数字能力现状及影响因素进行了问卷调查，通过量化分析，发现参与者的数字知识和数字技能发展不均衡。此外，通过培训经历能够预测教师的数字能力。

在数字化转型背景下，部分学者开始尝试构建适用于国际中文教师的能力模型，涉及数字能力、TPACK 等。在此类研究中，德尔菲法是最主要的研究方法。然而，在教师能力模型构建完成后，对于如何检验模型、如何应用模型等方面的研究仍然匮乏。因此，上述理论研究成果需要进一步转化，产出相应的实践价值。此外，另一部分学者采用问卷、图画描述、半结构访谈等实证研究方法调查国际中文教师的发展现状与发展路径。大多数此类研究属于描述性研究范式，其理论深度还有待加强。

（三）研究空白

本研究通过对上述热点聚类相关文献的分析发现，近年来，该领域学者普遍认同"数智"技术对国际中文教育数字化转型的重要意义，并围绕数字教育规划、"数智"技术革新、智慧教学设计、教师数字素养等方面展开了理论与实证研究。

从研究范式上看，理论研究的数量超过实证研究，特别是在数字教育规划与"数智"技术革新等前沿领域中，理论需要优先构建，以指导后续实证研究。然而，技术的革新是永无止境的，而技术赋能教育教学、促进人类发展的目标是一致的。如果新技术一出现学界就致力于构建一套相关的理论体系，那么技术就可能难以及时生效，其应用价值可能会受到影响。另外需要注意的是，在 1999 年就有学者围绕虚拟现实、网络通信等技术探索它们与国际中文教育融合的可能性，近年来围绕此类技术的理论研究仍然存在，此类研究的理论与实践价值令人存疑。因此，如何将理论研究进行应用转化、如何对理论模型进行实证检验是当前该领域学者亟须思考的问题。

从研究方法上看，部分理论研究未采用科学严谨的方法，其研究结论主要基于作者的阐释，信效度难以得到有效检验。此外，大多数实证研究采用单一的研究方法，通过对单一数据的分析得出研究发现，没有对结论进行必要的三角验证。并且，大多数数据基于访谈、问卷等方法收集，没有深入课堂、没有聚焦真实的教学情境、没有结合真实的教学问题。在未来的研究中，学者可采用德尔菲法、专家访谈法、定性比较分析法（QCA）等开展理论研究，也可通过实证数据对前期构建的理论模型进行后续检验。学者还可深入课堂开展历时研究，收集多种数据进行交叉验证，通过定性研究与定量研究的高度结合、有机融合，提高研究结论的可信度。

从研究视角上看，大多数研究将"数智"技术对国际中文教育的赋能作用视作使用技术之后的应然结果。持此类视角的学者主要致力于解决"会不会用技术"这一层面的问题，却难以回答"用不用技术""如何用好技术"等层面的问题。不可否认，技术自身的作用是国际中文教育能够成功数字化转型的重要保障。然而，在实际操作中，个人因素、人际因素、环境因素等不同层面的变量均可能对国际中文教育数字化转型产生影响。因此有必要探索在数字化转型过程中多层面因素的作用机制与影响差异。后续研究可借鉴生态学视角，采用社会文化理论、复杂动态系统理论、第三代活动理论来追踪"数智"技术的应用过程，以呈现数字化转型的动态性与复杂性，并在此基础上尝试总结动态复杂变化过程中的系统性与规律性。

五 结语

本研究聚焦数字化转型背景，通过 CiteSpace 软件对 308 篇国际中文教育领域的相关论文进行了计量分析与可视化呈现。结果显示，该领域的研究最早出现于 1999 年，并在随后 20 多年的发展历程中呈现螺旋形增长态势。数字教育规划、"数智"技术革新、智慧教学设计、教师数字素养是该领域研究热点。目前，该领域研究以理论构建为主，后续研究可采用德尔菲法及专家访谈、定性比较分析等理论研究方法或课堂观察、田野调查、追踪访谈等实证方法，通过多种数据加强对已构建理论的检验。此外，学者可借鉴生态学视角，采用社会文化理论、复杂动态系统理论、第三代活动理论来探究多层面因素影响下的国际中文教育数字化转型过程。

参考文献

巴丹、杨绪明、郑东晓等（2021）《"汉语国际教育线上教学模式与方法"大家谈》，《语言教学与研究》第 2 期。

蔡建永、刘晓海（2023）《国际中文智慧教育视域下"三段九步"教学模式的构建与应用》，《世界汉语教学》第 4 期。

蔡燕、汪泽（2022）《基于技术接受模型的中文学习者直播课程学习意愿研究》，《语言教学与研究》第 5 期。

陈悦、陈超美、胡志刚、王贤文（2014）《引文空间分析原理与应用：CiteSpace 实用指南》，北京：科学出版社。

杜敏、刘林燕（2023）《国际中文智慧教材及其建设》，《陕西师范大学学报》（哲学社会科学版）第 3 期。

高育花（2021）《新冠疫情下的国际中文教育研究综述》，《天津师范大学学报》（社会科学版）第 6 期。

韩秀娟（2020）《近十年来国际汉语教材的本土化与国别化研究综述》，《汉语学习》第 6 期。

教育部（2022）《教育部 2022 年工作要点》，教育部网站，http://www.moe.gov.cn/jyb_xwfb/gzdt_gzdt/202202/t20220208_597666.html。

金晓艳、赫天姣（2022）《国际中文教育数字革命的现实与进路》，《当代外语研究》第 6 期。

李宝贵、马瑞祾、徐娟等（2023）《"ChatGPT 来了：国际中文教育的新机遇与新挑战"大家谈（下）》，《语言教学与研究》第 4 期。

李宝贵、庄瑶瑶（2021）《后疫情时代国际中文教师信息素养提升路径探析》，《语言教学与研究》第 4 期。

李杰、陈超美（2017）《CiteSpace：科技文本挖掘及可视化》（第二版），北京：首都经济贸易大学出版社。

李晓东、刘玉屏、袁萍（2022）《国际中文教师数字能力模型构建研究》，《民族教育研究》第 4 期。

刘利、刘晓海（2022）《关于国际中文智慧教育的几点思考》，《语言教学与研究》第 5 期。

刘利、史中琦、崔希亮等（2023）《ChatGPT 给国际中文教育带来的机遇与挑战——北京语言大学与美国中文教师学会联合论坛专家观点汇辑》，《世界汉语教学》第 3 期。

刘婷婷、李洪修、郭梦（2022）《后疫情时代国际中文教师 TPACK 培养的现实困境与变革之路》，《民族教育研究》第 6 期。

刘玉屏、李晓东、郝佳昕（2021）《国际中文教师数字能力现状与影响因素研究》，《民族教育研究》第 3 期。

刘玉屏、欧志刚（2022）《本土化、多元化、均衡化：人工智能在国际中文教育中的应用探析》，《民族教育研究》第 1 期。

马畅行（2022）《对外汉字教学法与汉字字源教学法研究综述》，《汉字文化》第 15 期。

马瑞祾、梁宇（2023）《国际中文教育数字化转型的三重逻辑——从 ChatGPT 谈起》，《河南大学学报》（社会科学版）第 5 期。

钱丽吉、吴应辉（2023）《元宇宙技术推动中文国际传播跨越式发展的功能与路径》，《云南师范大学学报》（哲学社会科学版）第 4 期。

曲福治、丁安琪（2023）《国际中文教育数字化转型：内涵、特征与路径》，《云南师范大学学报》（对外汉语教学与研究版）第 5 期。

汪晓凤、王华珍、罗杨（2022）《技术促进国际中文教学的现状与未来趋势》，《华侨大学学报》（哲学社会科学版）第 2 期。

王陈欣（2020）《国际汉语慕课的历史、现状分析及展望》，《世界华文教学》第 8 辑。

王陈欣、宋柯、金慧等（2022）《基于远程教学的教师数字胜任力发展路径——以国际中文教师为例》，《现代教育技术》第 7 期。

王鹤楠、刘丹丹、任倩倩等（2022）《国际中文教师数字能力内涵与提升路径》，《民族教育研究》第 6 期。

王辉（2021）《新冠疫情影响下的国际中文教育：问题与对策》，《语言教学与研究》第 4 期。

吴应辉（2022）《新时代国际中文教育服务强国战略八大功能与实现路径》，《云南师范大学学报》（哲学社会科学版）第 3 期。

徐娟、马瑞祾（2023）《数字化转型赋能国际中文教育高质量发展》，《电化教育研究》第 10 期。

杨惠芬、张春平（1999）《多媒体对外汉语教学——21 世纪对外汉语教学的重要手段》，《世界汉语教学》第 2 期。

原佳妮（2023）《"产出导向法"在国际中文教育应用中的研究综述》，《汉字文化》第 11 期。

郑艳群（1999）《虚拟现实技术和语言教学环境》，《世界汉语教学》第 2 期。

郑艳群（2023）《在教育变革和技术变革中思考国际中文教育的前景》，《天津师范大学学报》（社会科学版）第 2 期。

仲哲明（1999）《现代教育技术与对外汉语教学的改革》，《语言文字应用》第 4 期。

Huang, X., Zou, D., Cheng, G., Xie, H. (2021) "A Systematic Review of AR and VR Enhanced Language Learning. " *Sustainability*,(13).

Jessie, S. Barrot (2021) "Social Media as a Language Learning Environment: A Systematic Review of the Literature (2008–2019). " *Computer Assisted Language Learning*.

Lim, M.H.,Aryadoust, V. (2021) "A scientometric Review of Research Trends in Computer-Assisted Language Learning (1977–2020). " *Computer Assisted Language Learning*.

Marwan, H. Sallam, et al. (2020) "Research Trends in Language MOOC Studies: A Systematic Review of the Published Literature (2012–2018)." *Computer Assisted Language Learning*, 2020.

Price, Derek J. de Solla (1961) *Science Since Babylon*, New Haven, CT: Yale University Press, 1961.

Shadiev, R., Yang, M. (2021) "Review of Studies on Technology-Enhanced Language Learning and Teaching. " *Sustainability*, (12).

The Digital Transformation of Teaching Chinese to Speakers of Other Languages: Historical Trends and Future Prospects

WANG Chenxin   ZHENG Guofeng   PENG Lihua

Abstract: In the context of digital transformation, academics have conducted in-depth research around the themes of technology, instructional design, and teacher development in international Chinese language education. However, few scholars have used bibliometric methods to longitudinally analyse the historical process of the field. Horizontal analyses of the distribution of hotspots, trends and gaps in existing researches also need to be further deepened. In view of this, this study takes use of CiteSpace to conduct analyses of 308 related literatures, and finds that the field has shown a spiralling growth since last two decades. Research hotspots include digital education planning, "digital intelligence" technology innovation, intelligent instructional design, and teachers' digital literacy. In recent years, the research in this field is mainly based on theory construction, and discursive thinking has been applied more often as a method. Follow-up studies may use empirical methods to validate theories, and also draw on the ecological perspective to explore the digital transformation process under the influence of multidimensional factors.

Keywords: Digital transformation, Teaching Chinese to speakers of other languages, Econometric analysis

作者简介

王陈欣，华东理工大学外国语学院讲师，博士。研究方向为语言政策与语言教育、计算机辅助语言学习、教师发展。[Email: wangchenxin@ecust.edu.cn]

郑国锋，华东理工大学外国语学院教授，博士。研究方向为英汉语对比与翻译、语言类型学（运动事件语义学）、国别语言政策、机器翻译译后编辑。[zgfcl@ecust.edu.cn]

彭丽华，上海外国语大学上海全球治理与区域国别研究院博士研究生。研究方向为技术赋能的语言教学。[Email：1090537294@qq.com]

近现代印尼华文教育研究中的问题

——一种文化视角下的检视

中共孝感市委党校　耿伟伟

提　要　本文从文化视角对近现代印尼华文教育做了重新检视，发现：近现代印尼华文教育带有文化传承的基因并与文化的兴衰呈正相关；"华文教育"概念在不同语境下具有三层含义；"中国文化"与"中华文化"以及"华人文化"三者概念具有模糊性。这些概念的模糊使得当前学者对印尼华文教育研究出现了观察者偏差，为了区分，本文将印尼"华文教育"按文化传承内容分为"华侨教育"、"华文教育"和"华人教育"三类，在批判"中国中心论"的同时，着力指出三种文化传承内容之间的区别。本文认为，30多年的强制同化政策使得印尼华人再次"克里奥尔化"，当下的印尼华人教育其实是印尼华人在自觉或不自觉中进行的一场包含语言在内的以华人性为核心的华族文化的复兴。

关键词　印度尼西亚；华文教育；克里奥尔化；文化复兴

印尼华文教育发轫于1690年荷属巴达维亚（今印尼雅加达）华侨创办的明诚书院，迄今已有334年历史。荷属华侨学务总会编的《荷印华侨教育鉴》记载了彼时的华文教育情况："因陋就简，安置黑板教授而已，经费则多取诸款"，教师则是"代看风水的私塾先生，或不第之童生，或能颂古文笔法、四书之人才"，教材则是"四书"与"五经"，这种私塾教育几与国内无异。考虑到当时中国尚处于清王朝统治时期，巴达维亚的华侨均无民族、国家意识，故当时的"华侨教育"与近代饱含民族国家意识的华侨教育并不相同，这也正是黄昆章（2007：24）以"萌芽"一词来对当时进行概括的原因。1901年3月17日，巴达维亚中华会馆所属的中华学堂（以下简称"八华学堂"）在巴达维亚八帝贯街成立，近代印尼华文教育才正式诞生。

近现代印尼华文教育屡经波折：以八华学堂为开端，其间经历了荷印时期的兴起和日据时期的步履蹒跚，在独立后的 50~60 年代达到顶峰 ①。1967 年，苏哈托政府颁布《解决华人问题的基本政策》，印尼华文教育事业遭到毁灭式打击而被迫转入地下（即民间私人补习班）。1998 年苏哈托政府垮台以后，印尼开启了民主化改革进程，断绝 32 年的华文教育得以恢复，并乘着中国崛起的东风以"三语教学"等形式复兴。

一　问题的提出

在印尼华文教育百年历史中，其教学形式不断发生变化：从早期的"华侨学校"到荷印时期分裂出来的"荷华学校"；从印尼独立后"侨民学校"到 1958 年的"籍民学校"；从特殊时期的"特种民族学校"到今天兴起的"三语学校"……面对这诸多教学形式，黄昆章将之归结为三类：华侨教育、华文教育和新时期华文教育。而对这三者的区别，学界往往着眼于文化上。

华侨教育与华文教育。在周南京（1999：96）主编的《华侨华人百科全书》中，华侨教育是"华侨在侨居国为其子女学习中国语言文化和科学知识而兴办的教育"，华文教育是"华侨、华人在居住国和入籍国为华侨、华人子女学习中华民族语言文化而兴办的教育"，考虑到印尼绝大多数华人均已入籍印尼，印尼的华文教育可以说是"印尼华人为其子女学习中华民族语言文化而兴办的教育"，华侨教育与华文教育的区别就在于国籍（"华侨"与"华人"）和文化传承（"中国语言文化"与"中华民族语言文化"）的差异。

华文教育与新时期华文教育。黄昆章（2007：194）认为："现今的印尼华文教育……已纳入国民教育体系，成为民族教育的组成部分……华文教育弘扬的是华族文化，这种文化既与中华文化有联系，但又有区别。它是吸收了中华文化和印尼文化长处的新的文化。华人既然已经是印尼民族的一员，华裔子女学习华文主要是为了不忘记祖先的文化以及具备更多的谋生手段。"

---

① 笔者在雅加达采访《印华日报》前主编李卓辉先生时，李先生就谈到，在 20 世纪 50~60 年代，印尼的华侨教育和华文教育发展处于顶峰。

如果说，在印尼华教禁令实施之前，入籍印尼的华人学生所接受的华文教育仍然带有浓厚的中华文化色彩，那么，新时期的印尼华文教育传承的已经不再是单纯的"中华文化"，而是作为印尼少数族群之一的华族的族群文化，是融合了中华文化和印尼文化各自优秀成分的"华人（族）文化"，两者的区别在于"中华文化传承"与"华人文化传承"的差异。

不仅如此，也有学者对"华文教育"与"对外汉语教学"做了区分。丘进（2010：90）认为，"对外汉语教学是一种外语教学，着力于遵循语言学规律……在中国传统的、故土的、亲情的文化传授方面比较平淡"，而海外华侨华人的华文教育有浓厚的中华文化背景，延续百年不曾中断，这些学生"大多生长在中国背景的家庭中，自幼便受到中国文化熏陶，融入了家乡、故土情结，（华文教育）所培养的一代又一代华裔青年都具有浓郁的中国情结"。

然而，上述学者从文化传承角度对不同阶段华文教育（尤其是新时期华文教育）做的阐释和区分，与笔者于 2017 年 8~11 月对印尼雅加达华文教育做的田野调查结论不符。例如，按照丘进的区分：以非华裔学生为主体的印尼大学汉学系（以下简称"印大汉学系"）是典型的汉语教学机构；而由老一辈华人创建的、华裔学生占 70%[①] 的新雅学院（以下简称"新雅"）则是典型的华文教育学校。如果从上述文化视角出发，无论是丘进的"中华文化背景"，还是黄昆章的"华族文化复兴"，理论上属于华文教育范畴的新雅学生，在对中华文化的认知和兴趣上，都应该强于用汉语教学的印大汉学系。然而，笔者在对两校学生进行汉语学习主要动机调查和中华文化认知调查中回收问卷的数据明显推翻了上述推论。

在汉语学习动机上，笔者在新雅学院发放问卷 70 份，回收有效问卷 61 份；在印大汉学系发放问卷 100 份，回收有效问卷 95 份。由于两校学习汉语的学生的基数不同，为了便于比较，笔者用饼图描述两校学生汉语学习动机（见图 1、图 2）。

---

① 数据来源于笔者对新雅学院陈黎艳老师的访谈，具体来说，新雅学院华裔学生和非华裔学生的比例是不固定的，但一般情况下华裔学生占比 70% 左右。

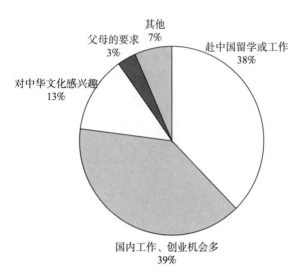

图 1　新雅学院学生汉语学习动机

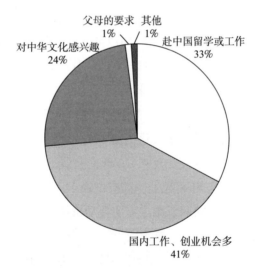

图 2　印尼大学汉学系学生汉语学习动机

　　对比图 1、图 2，留学和工作原因是两校学生学习汉语的主要动机，然而，一个出乎意料的现象是：以华裔学生为主的新雅只有 13% 的学生对中华文化感兴趣，而以非华裔学生为主的印大汉学系则有 24% 的学生对中华文化感兴趣。

此外，就对中华文化的了解程度上，印大汉学系的学生明显更胜一筹，这尤其体现在两校的课程中。印大汉学系主任 Hermina Sutami 老师向笔者介绍，印大汉学系开设中国历史课（从三皇五帝至今）、中国古今文学（中国古诗词到现代文学）、中国语言学以及中文课等。而新雅则集中在汉语的听说读写教学和训练上，有限的文化课也只拘泥于一般的介绍而未曾深入。这种差异在笔者个人访谈的经历中也能感受到：在听说能力上新雅学生强于印大汉学系学生，但在历史、文学等文化层面，新雅学生不如印大汉学系学生。

面对新雅和印大汉学系这一比较案例，以黄昆章、丘进为代表的文化传承视角是难以解释的。那么，究竟是文化传承视角本身的问题，还是该视角中某些概念的模糊而引起的观察者偏差呢？解铃还须系铃人，这一切还需要我们从文化的视角对印尼华文教育进行重新检视。

二　华文教育与文化传承的关系

欲从文化的视角检视印尼华文教育，就必先厘清华文教育与文化传承之间的关系。而这些可以从历史中得出结论。

第一，近代印尼华文教育先天性带有文化传承的基因。为创办八华学堂，巴城中华会馆董事会奔走呼号，董事会发出的《巴城中华会馆兴办学堂公启》中写道："以四千余年神明之胄，远处海外，番其举止，番其起居，番其饮食，番其礼法，华语且不识，遑知有中学。诗书且不读，遑知有孔孟……有此积弊，坐视不顾，论种类则自生自灭，论圣训则或存或亡，岂不哀哉！"巴城中华会馆董事会欲借兴办学堂弘扬儒家传统文化、教化广大华侨的目的一目了然。鉴于八华学堂的历史地位，可以说，印尼近代以来的华文教育先天性就带有传承和弘扬文化的烙印，华文教育与文化传承从一开始便不可分离。

第二，华文教育与文化传承呈正相关。在近代印尼华文教育史上，华文教育兴则华人民族文化兴，反之，华文教育衰则华人民族文化衰。例如，1908 年荷印政府成立荷华学校（Hollandsch-Chinese School），造成了新客华人与土生华人在择校上的分流，这一分流削弱了印尼华社的团结，导致土生华人与新客华人的对立、华侨学校与荷华学校的分立，使得一部分不谙华语的土生华人脱离了中华文化教育的范畴，这影响了印尼华侨的文化传承。与之相反，在印尼独立以后，战后荷华学校未见恢复，中国的国际地位逐步提高，以及中国与苏加诺政府的友好外交关系等，使得印尼华文教育逐渐走向顶峰。此时印尼华文教育的勃兴，提升了广大印尼华侨甚至华人的民族和文化认同，这虽然为后来印尼华校遭到禁绝埋下了隐患，但不可否认，当时印尼华文教育的兴起唤起了印尼华侨华人的民族文化记忆。

关于华文教育与华人文化之间的密切关系，Cushman、Jennifer 和 Wang Gungwu（1988：21）有精彩论述："对于维系华人文化遗产，没有任何个别的机构比华文学校更有效；它们的课程和教学媒介，确实可将华人文化的价值传递给绵延不绝的华人青年。"鉴于文化传承与华文教育的不可分割性和正相关性，我们首先对第一个问题做出回答，即从文化传承的视角分析和区分华文教育本身是没有问题的。既然如此，那么在文化传承视角下，印尼华文教育中哪个或哪些概念存在模糊性而引发观察者偏差呢？这就需要我们对相关概念重新梳理和检视。

三 "华文教育"概念的模糊性

1. 作为广义层面上的"华文教育"

"（海外）华文教育"一词往往可以作为居住在中国大陆、港澳台之外的华侨华人接受中华语言文化教育的统称。而且，这里的"华文"既可以作为中文（Chinese）讲，也可以作为中华文化（Chinese Cultural）讲，甚至可以作为离散华人文化（The Cultural of Chinese Diaspora）讲。黄昆章的《印度尼西亚华文教育发展史》一书就以"华文教育发展史"来统称印尼七个不同发展阶段的各类华侨华人的中华语言文化教育。而且，这种广义层面上的"华文教育"在学界、政界广为应用，应用案例如国务院侨办和中国海外交流协会主办的"世界华文教育大会"及其前身"国际华文教育研讨会"等。因此，如无特殊说明，本文中"华文教育"也作广义上的理解。

2. 作为狭义层面上的"华文教育"

"华文教育"与"华侨教育"相对应。在《印度尼西亚华文教育发展史》一书中，黄昆章将印尼"华文教育"按性质分为"华侨教育"和"印尼籍华裔兴办的华文教育"两种类型。此处的"华文教育"是作为一个与"华侨教育"相对应的术语，而非一个华侨、华人接受中华语文教育的统称。《华侨华人百科全书》表达了相同的观点，所以，当"华文教育"与"华侨教育"相对应时，前者传承的是"中华文化"，后者传承的是"中国文化"。

"华文教育"与"民主改革前的华文教育"相对应。传承"中华文化"的华文教育也并非一成不变。虽然受教育主体均已加入印尼国籍而成为印尼华裔，但是，由于强制同化政策等历史原因，"民主改革前的华文教育"与"民主改革后的华文教育"也不一样。在王赓武（1994：345）看来，"以培养具有中国民族主义精神和中华文化传统的中国公民为宗旨的华文教育日渐式微，华文教育当地化。新型华文教育不再是侨民性质的教育，而是当地少数民族性质的教育；不再是单一文化目的的教育，而是兼有经济目的的教育；不再是只针对华人（华族）的教育，而是要兼容其他族裔的教育；不再是大量依靠祖籍国支持的教育，而是主要依靠所在国支持的教育"。由于复杂历史原因，"民主改革前的华文教育"虽然转变了民族和国家认同，但依然带有中华文化情怀，依然传承的是"中华文化"，"民主改革后的华文教育"则由于32年的文化断绝，使年轻一辈华裔的文化生活已经融入印尼主流文化，其传承的则是吸收了本地文化的"华人（族）文化"。

"华文教育"这一术语在两个层面上具有三个含义，而且彼此的侧重点均不同，那么，将"华文教育"这一概念细化、清晰化则十分有必要：首先，鉴于广义层面上"华文教育"已经被广为运用，本文将依旧沿用这一广义层面的"华文教育"；其次，在狭义层面上，本文将"华文教育"（与"华侨教育"相对应）与印尼"民主改革前的华文教育"合并，称为"华文教育"，寓意"传承中华文化的教育"，合并的理由在于，两者的主体均是加入印尼国籍的华人学生，传承的也主要是"中华文化"；最后，将"民主改革后的华文教育"单独分开，冠之以"华人教育"，寓意"传承华人（族）文化的教育"。这种将"民主改革后的华文教育"改称呼的做法是十分有必要的，它反映了新时期华文教育的不同。

四 "中国文化"与"中华文化"间的模糊性

如果说，"华侨教育"与"华文教育"的区别，主要是"传承中国文化"与"传承中华文化"的区别，那么，作为参照物的"中国文化"与"中华文化"又是如何区分的呢？

1. 传承中国文化的教育：中华民族主义和爱国主义教育

何谓"中国文化"？在本文中就是指"中国的文化"，这里的"中国"是一个拥有政治疆域的主权实体，与文化概念的"中华"相对应。本文的侧重点在于分析"中国文化"在华侨社会乃至华侨教育中的作用和意义。这种中国文化形塑海外华侨社会的作用，在吴前进（2005：76）看来就是"使中国移民形成几个很有价值的特点，一个是家庭制度，一个是商业化，中国早期商业化的历史和移民的历史关系很密切。还有一个特点是在海外维持中国文化，这也是非常普遍的现象"。

2. 传承中华文化的教育：在"他者"中的文化和心理的归依

印尼华文教育的出现，主要是源于印尼政府于 1957 年 11 月颁布的《监督外侨教育条例》。该条例规定印尼籍华裔不得在华侨学校就读，于是出现了印尼籍华裔兴办的籍民学校，这种籍民学校负责招收印尼籍华裔学生，它们与之前的华侨学校有本质区别，前者是国民学校，后者是外国侨民学校；前者学生是印尼籍华裔，后者学生具有中国国籍；前者华文课程少，除华文课程外均用印尼语上课，后者则除印尼文、史、地外均用中文上课。此后，在苏哈托执政时期，虽然出现过短暂的"特种民族学校"，但是，印尼政府对华文教育的限制措施日益严厉，尤其是 1966 年彻底取缔华校，直接导致印尼华文教育进入了 32 年的地下发展时期。

本文认为，这一时期印尼的籍民传承的是"中华文化"而非"中国文化"，灵感来源于杜维明于 2005 年讲述的马来西亚钟灵中学学生首创"文化中国"概念的故事。在介绍"文化中国"概念的起源时提到，20 世纪 70 年代马来西亚槟城钟灵中学就有一批留学中国台湾的华人学生，在留学中国台湾期间，深受中华文化熏陶的他们便提出了"文化中国"的概念，即他们认同的是一个以中国传统文化为基础的文化意义上的中国。这批侨生创办的《青年中国》刊物早就以"文化中国"做过专题。毫无疑问，钟灵中学华人学生心中的"文化中国"是区别于"政治中国"、"地理中国"和"民族中国"的，是他们摆脱政治认同、身份认同窠臼的心理皈依，这种建构于心理上、想象中的共同体赋予了他们独有的文化认同，而认同的就是中华文化。钟灵中学的案例之所以适用于印尼历史上的籍民学校，就在于国籍和教学用语的转换不可能抹除文化上的差异。所以，不难想象，在之前强烈的爱国民族主义的华侨教育之后，即使政治和身份认同转向印尼，一个在"他者"环境中不断显化的、寄托着心理和精神皈依的文化认同依然如故，这种文化则是中华文化。

五 "中华文化"与"华人文化"概念的模糊性

印尼华文教育的特殊性就表现在虽然历时 32 年的同化政策在 1998 年的"五月暴动"中宣告失败，但同化政策对印尼华人的影响深远且绵延至今——至少两代华人失去了说华语的能力。例如，在笔者调查雅加达华文教育现状时，遇到的几乎所有的印尼年轻华裔（汉语学习者除外）都不会说华语，只有 60 岁以上的老一辈华人才会讲一口流利的中文。这种华语的断层也表现在印尼华文教师的老龄化问题上，笔者对雅加达华文教师联谊会[①]进行了问卷调查，通过回收的 27 份有效问卷发现该联谊会教师的平均年龄为 65 岁，最高年龄甚至高达 78 岁，而年轻的面孔则不足一手之数，由此可见印尼华文断层何其严重。吴勇毅（2010：18）发现，印尼华人的政治和民族认同发生了彻底的转变，由传统的"落叶归根"转变为"落地生根"。笔者对此深有同感，笔者的印尼华人朋友来华留学，他对人们因他流利的口语而误将他

---

① 雅加达华文教师联谊会，是印尼雅加达的一家非营利性教师培训机构，成立于 2006 年，它是由郭美华等 5 位热心华教的前辈筹备创立的，旨在提高雅加达地区华文教师的华语教学水平、推动印尼华文教育事业发展。2010 年该组织发生分裂，一部分成员留在原"雅加达华文教师联谊会"，另一部分成员则成立"雅加达华文教师公会"。

视为中国人而喜忧参半，喜的是他的中文水平得到了本地人的认可，忧的是他自认为没能体现印尼本国文化。

问题在于：继印尼华人政治与民族认同转变之后，曾经的文化上的中华文化认同是否也发生了转变？

文化认同如果发生转变，势必源于文化本身的转化。那么，印尼华人的中华文化能否被转化或者部分同化呢？对此，Philip（2008：70—72）在他提出的"通道—小生境"模式（corridor-niche model）中专门做出了解释，即离散华人的"克里奥尔化"[①]，劳力输出和海外经商均是男性的（事业）追求，在19世纪末以前，极少有中国女性移居海外，因为她们负有在家照顾父母的责任。长期旅居海外的华人逐渐迎娶本地女性为妻并将她们作为自己生意上的助手，时至18世纪中叶的欧洲殖民统治时期，这种由异族通婚而逐渐形成的土生华人社群成为海外华人的主要生活模式。而这种由异族通婚出现的具有文化稳定性的"克里奥尔化"社群，在爪哇马来文中叫作"伯拉纳干"（Peranakan），意为"土生"；在马六甲、槟榔屿和新加坡，此类社群被叫作"峇峇"（Baba）；而在菲律宾，则被叫作"美斯蒂索"（Mestizo）。在孔飞力看来，"克里奥尔化"并不是完全同化，这种华人的"克里奥尔文化融合了福建文化与马来文化两种文化的特点：华人的姓氏与非近亲婚姻的要求得以保留，但婚丧嫁娶等习俗体现了文化交融的影响，华人父系为主的严格家庭模式为本土习俗所拓宽，例如，在中国新郎入赘新娘家的情况非常少见，但在克里奥尔华人社群中则比较常见"。而且，孔飞力认为离散华人之所以普遍"克里奥尔化"而非彻底被同化，原因有三点，即"与中国不间断的、充满活力的通道；当地社会独特的文化生态；以及殖民当局的政策"，而且，"此类克里奥尔化家庭往往不会让子女与当地人通婚，而是选择土生华人家庭的子女，或者将华人新移民招为女婿……这些都使得混杂中华文化与马来文化的克里奥尔文化长期延续"。

---

① 克里奥尔化（Creolized），使（某语言）克里奥尔语化；由于不同语言社区之间的相互接触，一种语言将另外一种或多种不相关语言中的很大一部分特征融入自身。孔飞力（Philip）所指的马来西亚、荷印华人的克里奥尔化，在语言上是指以马来语法为主，同时混杂一些借用闽南语词汇的华人马来语，在文化上则是指华人的部分在地化（当地化）。

孔飞力提出的离散华人的"克里奥尔化"点明了一个客观历史事实：中华文化虽然难以被彻底同化，但可以与当地文化相融合。本文认为，这一源于历史的结论同样适用于今天：在经过32年强制同化之后，印尼年轻一辈华人已经再一次"克里奥尔化"[①]，尤其是民族语言的丧失以及祖先文化教育的缺失，使得他们部分地融入了印尼本地社会，由此而逐步形成了与"传统中华文化"相异的、融入印尼本土文化的"华人（族）文化"。由此我们可以进一步推导出：旨在传承中华文化的"华文教育"与新时期旨在传承华人文化的"华人教育"相异。

然而，仅仅指出"华人文化"相异于"中华文化"依然不能解决本文提出的问题，我们还必须进一步对当前印尼"华人（族）文化"与"华文教育"之间的关系进行界定。

六　华人性与华人教育

要回答印尼"华人（族）文化"与"华文教育"的关系问题，最核心的就是要回答新时期印尼华人为何要复苏华文的问题。如果说，经过32年的强制同化，印尼华人已经自觉或不自觉形成独特的"华人（族）文化"，那么，国家政治认同、民族认同乃至文化认同都转向当地的印尼华人，在民主改革后为什么还要复兴华语呢？

云昌耀（Chang-Yan Hoon，2008：83）对此做了回答："中国近年来的经济崛起，以及该崛起在东南亚区域造成的影响……多位学者观察到，那些原本对自己华人出身几乎完全丧失归属感的华人，开始重新发掘自身的华人性，并自发性地认同自身的华人'根源'——这种行径有时称为'再华化'。"在云博士看来，"再华化"即"华人性"的复苏。本文认为，中国的经济影响力是外在经济动力，"重新发掘自身的华人性"才是内在的文化动力，而这种动力其实是对苏哈托政府32年强制同化政策的反弹。这种"华人性"

[①]　印尼独立后，当时强烈的民族主义和爱国主义情怀使得印尼华侨和已经"克里奥尔化"的大多数侨生华人都出现了不同程度的"再华化"，鉴于此，32年的同化政策是印尼华人的第二次"克里奥尔化"。

（Chinese-ness），"被认为是华人移民及其后代先天性的且不会因个人偏好而改变的固有特性"。在苏哈托时代，"华人性"作为一个贬义词而存在，被认为是印尼华人"被同化"的主要障碍。在今天，华人性则作为一个保持印尼华族族性的名词而存在。

那么，何谓华人性呢？这在不同的语境下往往有不同的含义。吴小安（2014：03）认为，"以'华人'族群和文化为焦点参照的'华人性'，主要侧重于华人个人与华人族群相对于异国他乡与祖籍国文化之间时空错位的身份认同，主要强调个人对国家、少数族群对多数族群、边缘对中心、移民与同化过程中的多元性、差异性与复杂性的对立统一"。关于华人性的主要内容，吴前进（2005：176）强调"家庭制度"、"商业化"和"在海外维持中国文化"，而在 Billy 等（2003：22）看来，"其核心价值包括尊重教育、唯才是举、勤劳节俭、忠于家族纽带（respect for education and meritocracy; hard work and thrift; and loyalty to family networks）"。李明欢、黄猷（2008：53）认为这种包含华人性的华人文化与中华文化是源与流的关系，"东南亚的华人文化导源于中华文化，从其原始形态来说，中华文化是源，东南亚华人文化是流"。

那么印尼华人为何要复苏其华人性呢？原因就是在苏哈托执政的30余年间，印尼华人的华人性遭到了严重破坏，比如"在海外维持中国文化"、"母语教育"以及"与母国文化上的联系"等海外华人都具有的文化行为在印尼却遭到了毁灭式的打击和清除，以至于印尼华人的语言文字、姓氏、节假日乃至祖先崇拜等都或多或少被强制同化或者"克里奥尔化"。云昌耀（2008：72）在书中记载了老一辈印尼华裔作家对苏哈托同化政策的批评，即"迫使华人学童丧失了节俭、刻苦、坚忍不拔、敬老、尊师重道、儒家伦理、人本精神等（华人性），并且扭转了他们的人生，让他们变得懒散、好逸恶劳、奢侈而毫无目标"。但是，这并不意味着印尼华人的华人性全部丧失，华人性的核心如尊重教育、唯才是举、勤劳节俭、忠于家族纽带等在印尼华人身上始终存在，这一点在笔者调研期间得到了验证：笔者在印尼认识的一位年过六旬的华人阿姨成长于一个说荷语和英语的天主教家庭，她和她的母亲都不会说中文，然而，在每年的春节，她和她的兄弟姐妹们以及各自的家庭成员都会齐聚巴厘岛，共同给她们的妈妈带去祝福，通过阿姨给笔者展示的全家福照片可以发现，其家族成员数量接近百人，这种庞大家庭无疑是华人性的体现，而且，今年她已经送她最小的女儿来中国上学。这位阿姨的经历其实就体现了印尼华人深层的"华人性"以及"再华化"。这种"再华化"既是对曾经强制同化政策的反弹，也是对中国经济崛起的正向反馈。

进一步而言，这种华人性的复苏和华文教育有何关系呢？本文认为，对数典忘祖的批判是华人性的重要内容，即忘掉祖先的语言、文化传统是极端错误且不可接受的行为。于是，一旦外在条件允许，华人性中"尊重且传承祖先语言和文化"的深层文化心理效应便会发生作用，才会出现老一辈华人不辞辛苦、不计酬劳创办"三语学校""私立华校"等，才会出现父母强制要求子女学习中文①的现象……云昌耀（2008：92）将这一现象称为"文化使命"："其发动者为老一辈华人，他们认为自己有义务将华语文传递给已经被同化的年轻一辈华人。"所以，本文认为，新时期印尼的华人教育，是一场包括语言在内的以华人性为核心的华族文化的复苏。

直到这里，本文提出的问题才可以得到解答，即新雅学院学生对中华文化的了解和兴趣不如用汉语教学的印大汉学系学生的原因在于以下两点。

第一，中华文化≠华人文化。对于失去了"祖先语言文字教育"和"祖先文化传承教育"的年轻一辈印尼华人来说，如果不考虑文化深层次的"华人性"，那么华文学习对他们来说几乎就是一个困难的第二语言学习。笔者的印尼华人朋友就分享过他的一个经历，在中国第一年学习汉语时，他的中文老师就因为他是华人所以对他的要求很高甚至苛刻，他为此深感委屈。所以说，拥有华人面孔和华人血统的印尼华人，对断绝了32年的华文学习不感兴趣乃至畏惧是一件再正常不过的事情。新雅华人学生对中华文化不感兴趣，并不等于他们对华人文化不感兴趣，家族纽带、尊重父母长辈、勤奋上进等属于华人文化的成分在他们身上依然延续了下去。对他们进行"中华文

---

① 在本文开头的问卷中，在学生汉语学习动机中，"父母的要求"比例并不高，原因在于笔者调查的是"最重要"的汉语学习动机，即便如此，依然有一些华人学生选择"父母的要求"，在对7位新雅教师的问卷调查中，也有2位教师认为学生学习汉语主要是"父母的要求"，这种"父母要求自己的孩子学习中文"的现象在印尼华人小孩身上表现得最为明显。

化认知度调查"而非"华人文化认知度调查"本身就带有偏差的成分，有着典型的"中国中心"色彩。

第二，学习华语本身就是印尼华人文化复苏的标志性事件。正如前文所述，老一辈华人以及孩子的父母们往往自觉或不自觉地表现出一种使命感，这种使命感用雅加达华文教师联谊会的一位老教师的话说就是华人必须要会说华语！换言之，如今的印尼华人教育，包括私立新雅学院以及八华学堂等"三语学校"在内，这种老一辈辛苦办校、新一辈辛苦学习华语的现象本身就是一场华人或华族文化的复苏。新雅华人学生所处的华校、所面对的华文老师、每天所学习的语言等本身就是华人文化复苏的现象，问卷调查的数据结果并不能否定其中的文化意义。

七　结论

学界普遍认为，在新时期印尼的华文教育中，拥有华人家庭背景的学生先天性地比本地学生更具优势，这种优势即使不在语言学习上，也一定在对中华文化的兴趣和认知上。然而，本文在雅加达的数据调查推翻了这一看似理所当然的推论。为了解释这一"反常识"现象，本文立足文化视角对印尼华文教育做了重新检视，结论如下。

第一，印尼近现代华文教育先天带有文化传承的基因并与文化传承呈正相关，这为本文从文化视角检视印尼近现代华文教育提供了依据。

第二，"华文教育"概念具有模糊性，为此本文依据文化传承内容上的差异而将印尼华文教育分为"华侨教育"、"华文教育"和"华人教育"三类。

第三，"中国文化"与"中华文化"概念具有模糊性，本文因此认为，在华侨华人（包括华文教育）的研究中，去"中国中心"十分有必要。

第四，"中华文化"与"华人文化"概念的模糊性，印尼华人已经再一次"克里奥尔化"而形成相异于"中华文化"的"华人（族）文化"。

第五，新时期印尼的华人在自觉或不自觉地进行一场包含语言在内的以华人性为核心的华人或华族文化的复苏，而华人教育本身就是这场文化复苏的重要内容。

　　由于特殊的历史等原因，印尼的华文教育走到今天殊为不易，其中的某些议题甚至直到今天依然敏感，这就要求我们在研究相关问题时，立足印尼的现实情况，自觉摒弃"中国中心"的立场，及时发现和解释新出现的现象。本文在发现新问题并尝试解释的同时存在一些不足，比如个人单方面调查现象普遍性的问题、问卷调查的信度问题，以及大量借鉴已有学者的理论等，这些都可能造成本文的研究观点出现偏差等，也希望学界相关同人积极予以批评指正。

参考文献

杜维明："杜维明谈'文化中国的认同问题'"，北京大学第二十二期哈佛茶会，网址：https://www.youtube.com/watch?v=EN_Y3f_MSe8&pbjreload=10，最后访问时间：2018年11月27日。

黄昆章（2007）《印度尼西亚华文教育发展史》，北京：外语教学与研究出版社。

李明欢、黄猷（2008）《东南亚华人族群文化与华文教育》，《海外华文教育》第1期。

丘进（2010）《对外汉语教学与海外华文教育之异同》，《教育研究》第6期。

王赓武（1994）《中国与海外华人》，北京：商务印书馆。

吴前进（2005）《孔飞力教授与海外华人研究——在哈佛访孔飞力教授 (Professor Philip A.Kuhn)》，《华侨华人历史研究》第2期。

吴小安（2003）《华侨华人学科建设的反思：东南亚历史研究的视角与经验》，《华侨华人历史研究》第3期。

吴小安（2014）《概念脉络、文化关怀与比较视角：华侨华人研究的再梳理》，载《中国华侨历史博物馆开馆纪念特刊》，北京：中国华侨出版社。

吴勇毅（2010）《新时期海外华文教育面临的形势及主要变化》，《浙江师范大学学报》（社会科学版）第2期。

余英时（1995）《中国文化与现代变迁》，中国台湾：三民书局。

周南京主编（1999）《华侨华人百科全书·教育科技卷》，北京：中国华侨出版社。

Billy, K. L., So.John Fitzgerald, Huang Jianli, James K. Chin（2003）*Power and Identity in the Chinese World Order: Festschrift in Honour of Professor Wang Gungwu*, Hong Kong:

Hong Kong University Press.

Chang-Yan Hoon (2008) *Chinese Identity in Post-Suharto Indonesia: Culture, Politics and Media*, Sussex Academic Press.

Cushman, Jennifer and Wang, Gungwu (eds.) (1988) *Changing Identities of the Southeast Asian Chinese Since World War* II, Hong Kong: Hong Kong University press.

Philip, A. Kuhn (2008) *Chinese Among Others: Emigration in Modern Times,* Singapore: NUS press.

Tu, Wei-ming (2005) *Cultural China: The Periphery as the Center*, Daedalus:The MIT Press on Behalf of American Academy of Arts & Sciences.

Problems in the Study of Indonesia's Chinese Education in Modern Times: A reexamination from a Cultural Perspective

GENG Weiwei

Abstract: This paper re-examines the modern Chinese education in Indonesia from a cultural perspective, and finds that the Chinese education in Indonesia has a cultural inheritance gene and is positively related to the rise and fall of Chinese culture; the concept of "Chinese education" is different in different contexts; the ambiguity between the concepts of "China's culture" and "Chinese culture" and "the culture of Chinese diaspora". It is the ambiguity of these concepts that makes current scholars have an observer bias in Indonesian Chinese education research. This article divides Indonesian "Chinese education" into "Overseas Chinese Education", "Ethnic Chinese Education" and "Chinese Diaspora Education" according to cultural inheritance. While criticizing the "Sinocentrism", this paper believes that more than 30-year compulsory assimilation policy has caused Indonesian Chinese to "Creolized" again. The current Indonesian Chinese education is a renaissance of Chinese culture centered on the "Chinese-ness" from a cultural perspective.

Keywords: Indonesia, Chinese education, Creolized, Cultural renaissance

作者简介

耿伟伟，中共孝感市委党校基础理论教研室讲师，研究方向为"一带一路"人文交流研究、全过程人民民主。[Email：2417215429@qq.com]

柬埔寨华文"教育合流"现象调查与研究[*]

华南理工大学新闻与传播学院　　张　欢

提　要　"一带一路"倡议持续推进，柬埔寨华文"教育合流"现象日渐凸显。文章通过在线问卷调查了 19 所柬埔寨华文学校的 141 位华文教师对"华文'教育合流'"的认知，并从课堂表现、教师反馈、学生成绩、培养方案 4 个维度分别选取两个代表性问题进行统计与分析。结果表明：（1）"教育合流"对学生课堂参与度、师生互动程度、教学进度等存在影响；（2）"教育合流"对学生成绩的影响并不显著；（3）"教育合流"之下，现行学生培养方案、班级设置、课程规划等均须调整、升级。此外，探索"教育合流"的诱因与影响，并从华校、教师、学生 3 个层面提出对策，以期为柬埔寨华文教育的科学化、专业化发展提供参考。

关键词　"一带一路"；柬埔寨华文教育；教育合流

一　引言

2013 年，国家主席习近平提出了与国际社会共建"一带一路"倡议。柬埔寨是重要参与国，共建"一带一路"为柬埔寨带来了机遇，中柬往来愈加密切。经济建设促进教育发展，柬埔寨华文教育迎来了最佳发展契机，并呈现新特点，华裔生与非华裔生"教育合流"现象愈加显现。

"教育合流"（Educational Confluence）源于孔子"有教无类"的教育理念，指的是学校招纳不同类型的教学对象并施予同等教育。柬埔寨华文教

---

*　基金项目：本研究受 2022 年国际中文教育研究课题一般项目"动态系统理论视阈下柬语母语者汉语书面语质量研究"（项目编号：22YH82C）、中国科技部外国专家项目"跨文化视域下周边国家本土汉语教材中国形象研究"（项目编号：DL2023163002L）、2023 年度教育部人文社会科学研究基金青年项目"跨文化视域下东南亚五国本土汉语教材中国形象比较研究"（项目编号：23YC740088）的资助。

育肇始于 20 世纪初，以"教授华文并承继祖国文化"为使命，"纵向传承，重在延续族裔身份认同、文化认同以及维持语言使用，旨在实现中华民族'魂''根''梦'的薪火相传"（郭熙、林瑀欢，2021），原则上只面向华裔子弟。随着社会发展，柬埔寨华文教育不断壮大，不仅拥有"全球最大的海外华文学校（端华学校）"（陈世伦，2017），还吸引了大量非华裔学生，华文学习群体"日渐本土族裔化"（何美兰，2019），"教育合流"趋于普遍。然而，学界关于柬埔寨华文"教育合流"的研究较少，理论探讨与实践考察存在脱节。因此，文献梳理着眼于两方面：一是柬埔寨华文教育发展现状及趋势；二是柬埔寨华文教学。

第一，柬埔寨华文教育发展现状及趋势。洪群（2003）认为柬埔寨华文教育处于"边缘地带"，强调"融入国家教育体系"是唯一出路。日本学者野泽知弘（2012）从政治与教育互动视角指出，柬埔寨华文教育的发展与柬政府对华政策、中柬往来有直接关系。余启华、陈晶雯（2017），刘振平、贺丽君（2019）指出现阶段柬埔寨华文教育在办学模式、师资储备、教材开发、资金支持等层面存在问题，前景不容乐观。曹云华（2020）立足全球化、区域化及本土化，强调柬埔寨华文教育的影响力不可忽视。张欢等（2021）调研结果显示在"一带一路"背景下，柬埔寨华文教育仍然面临"教育体系不健全""华裔新生代认同感不强"等问题。张欢（2022）总结了新时期包括华文教育在内的柬埔寨中文教育的发展窘境，倡导联合一切积极力量，寻求出路。黄佩玲（2024）指出柬埔寨华校存在语言定性偏差，导致教学层面出现一系列问题。可见，推动柬埔寨华文教育高效、健康、可持续发展，任重而道远。

第二，柬埔寨华文教学，其成果大致分为三类。一是探讨柬埔寨华文学习者的学习偏误（葛李勤、肖奚强，2019）、语言质量（Zhang，2021，2022）等，追溯原因并提供针对性建议。二是考察华文教材的建设及其适应性问题（汪曦薇，2012；刘振，2021；拓欣桐，2023），指出现有教材的趣味性、针对性、系统性较差，提出关于华文教材设计的思考。三是考察柬埔寨华文教学质量，认为"华文课时量巨大，而其华文教学效率太低"（宗世海、马天华，2021）。此外，关于三语教学，林瑀欢（2021）认为"柬埔寨华校是否开设三语课程并不统一"，受学校区域、办学条件、师资等多重制约。

综上，关于柬埔寨华文教育的研究主要关涉发展趋势、华文教学两大板块，其成果对本研究有借鉴意义，然不足之处在于："教育合流"作为现阶段柬埔寨华文教育的重要特征，在"一带一路"推动下日渐凸显，但鲜有学者深入探讨，相关研究亟待展开。鉴于此，本研究以华文教师为主体，调查了柬埔寨华文"教育合流"的影响，从课堂表现、教师反馈、学生成绩、培养方案等方面深入讨论，尝试揭示诱因与影响，并提出建设性意见。

二　问卷设计与检验

（一）问卷设计

本次问卷发放对象为华校教师。笔者结合田野调查结果，参考社会语言学相关问卷（曾亿伟，2018），根据实际情况自编问卷，经两位专家评估，确定了正式问卷。问卷内容包含两部分：一是基本信息，包括受访对象的任教学校与班级、年龄、性别、学历、祖籍、是否为华人、学生构成等；二是问卷主体，包括课堂表现、教师反馈、学生成绩、培养方案4个维度，共设置15道单选题，采用 Likert 5 点计分法打分，依次为："1= 完全同意""2= 基本同意""3= 不确定""4= 基本不同意""5= 完全不同意"。

（二）调研过程

柬埔寨共有华校 60 余所，在校学生 5 万余人。依据学生人数，将华校分为三类：超过 1000 人的为 A 类，500~1000 人的为 B 类，少于 500 人的为 C 类。问卷调查共涉及 19 所华校（见表1），分层抽样选取了 12 所 A 类华校、5 所 B 类华校和 2 所 C 类华校作为具体样本，涵盖首都金边市、暹粒省、贡布省等 12 个省市，地域分布均匀。此次问卷通过线上发放，每所 A 类华校发放 10 份调查问卷，B 类 6 份，C 类 3 份，共计 156 份，剔除不合格问卷，共收回 141 份，有效率达 90.38%。

表 1　受访华校信息

学校类别	学校名称	所属省（市）	所在区域
12 所 A 类华校（＞1000 人）	端华学校	金边市	柬中部
	崇正学校	金边市	
	民生中学	金边市	
	华明学校	金边市	
	大金欧洪森兴中学校	干拉省	
	雷西郊公立培华学校	干拉省	
	港华学校	西哈努克市	柬西南
	广育学校	贡布省	
	觉群学校	贡布省	
	联华学校	马德望省	柬西北
	中山学校	暹粒省	
	中华学校	桔井省	柬东北
5 所 B 类华校（500~1000 人）	明德学校	白马市	柬西南
	中华学校	卜迭棉芷省	柬西北
	新民学校	特本克蒙省	柬中部
	启华学校	实居省	
	光华学校	桔井省	柬东北
2 所 C 类华校（＜500 人）	培英公校	国公省	柬西南
	中山学校	桔井省	柬东北

资料来源：作者整理。

（三）有效样本信息

第一，教师年龄呈正态分布。其中，18~30 岁共 47 人，占 33.33%；30~60 岁共 69 人，占 48.94%；60 岁及以上共 25 人，占 17.73%。

第二，教师学历整体偏低。其中，初中学历共 89 人，占 63.12%；专修学历共 38 人，占 26.95%；本科及以上学历共 14 人，占 9.93%。

第三，教师构成多元化。其中，中国援柬教师一共 14 人，占 9.93%；华人华侨教师共 84 人，占 59.57%；柬埔寨本土教师共 43 人，占 30.50%。

（四）问卷信度与效度分析

文章对问卷的主体部分进行了信度与效度检验。信度结果显示（见表 2）：Cronbach's Alpha 为 0.872，表明各项目之间内在一致性较高，本次调查问卷在统计学上的可靠性较高。

表 2　问卷可靠性统计

Cronbach's Alpha	项数
0.872	15

效度分析结果显示（见表 3），$KMO=0.818>0.5$，满足社会语言学调查问卷的效度要求。Bartlett 球形检验结果 $Sig.=0.000<0.05$，达到了显著性水平，球形假设被拒绝，适合做因子分析。

表 3　问卷 KMO 值和 Bartlett 的检验

取样足够度的 Kaiser-Meyer-Olkin 度量		0.818
Bartlett 的球形检验	近似卡方	490.353
	df	105
	$Sig.$	**0.000**

本研究采取主成分分析法提取因子来获取初始因子分析结果。为了获得最佳解释方式，在考察因子的可解释性时，本文采用最大方差法进行因子旋转，使各因子指标向更大或更小两个方向变化，其数值和意义更加明晰。根据最大数值（见表 4），15 道问卷题目可分为 4 个维度，题目与维度之间互相对应，符合预期结果。因此，该问卷结构效度较高，数据的有效性同样较高。

表4 旋转成分矩阵表

问卷题项设置	成分			
	1	2	3	4
您认为非华裔学生的成绩属于中下等	**0.753**	0.093	−0.141	0.048
您认为华裔学生的成绩属于中上等	**0.719**	0.077	−0.145	−0.187
您认为华裔、非华裔学生成绩差异会随年级升高变大	**0.680**	0.207	0.091	−0.072
您认为华裔、非华裔学生成绩差异大	**0.610**	0.079	0.033	−0.305
您认为课堂上华裔学生表现积极，非华裔学生表现不积极	−0.142	**0.659**	0.314	0.118
您认为课堂上华裔、非华裔学生与教师的互动差异大	0.165	**0.648**	0.389	0.212
您认为课堂上非华裔学生经常跟不上教学进度	0.348	**0.636**	0.226	0.176
您认为课堂上华裔、非华裔学生课堂参与度差异大	0.148	**0.609**	0.200	0.036
您认为华校应该设置华裔班级和非华裔班级	0.149	0.056	**0.868**	−0.106
您认为华裔、非华裔学生应该安排不同的课程	0.104	0.043	**0.849**	0.034
您认为华校应按照统一目标培养华裔、非华裔学生	0.007	−0.140	**0.809**	0.152
您认为教师对华裔学生的关注度高	−0.034	−0.009	−0.049	**0.895**
您认为华裔、非华裔学生学习动机差异大	0.003	−0.052	−0.168	**0.799**
您认为华文教师应该用纯华文授课	0.094	0.302	0.117	**0.700**
您认为华裔、非华裔学生水平不一影响教学进度和安排	0.158	0.373	0.131	**0.664**

三　调查结果分析

本文从课堂表现、教师反馈、学生成绩、学生培养方案四个维度各选两个代表性问题深入分析。

（一）课堂表现

课堂参与度与师生互动程度是衡量学生课堂表现的重要指标。57.44%的华文教师认为华裔、非华裔学生课堂参与度差异较大，强调华裔学生课堂参与度明显高于非华裔学生，39.72%的教师表示反对，认为课堂参与度的高低与学生背景无必然关联（见图1）。

关于师生互动程度，52.48%的教师同意"华裔、非华裔学生与教师课堂互动差异较大"，认为课堂互动程度与学生的口语水平有直接关系，认为华裔学生口语能力普遍较好，互动程度相对较高，但持反对意见的教师比例也达42.56%。

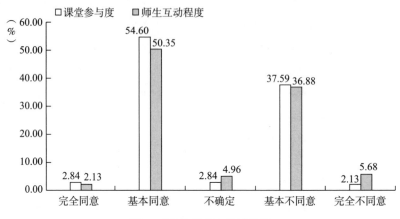

图1 "课堂表现"统计结果

因此，一半以上的教师认为"教育合流"之下华裔、非华裔学生课堂参与度、师生互动程度存在较大差异，究其原因：华裔学生具有良好的语言环境，听说能力普遍较好，而非华裔学生则不然，他们无华文环境，表达受限。持反对意见的教师表示，非华裔学生学习华文热情高、态度好、动机较强且目标明确，故课堂参与度不比华裔学生低，甚至超越华裔学生。

（二）教师反馈

在"教育合流"之下，学生构成多样化，华文课堂复杂化，教师面临诸多挑战。就授课语言，63.83%的教师坚持纯华文授课，强调华文"沉浸式"教学的重要性，尽力营造华文学习氛围。26.24%的教师认为课堂语言应以华文为主，配以英、柬等媒介语作为辅助进行解释，效果事半功倍。9.93%的教师认为课堂语言无须刻意规定，"按需使用"即可。

关于教学进度，问卷结果显示，64.54%的教师同意且强调"教育合流"之下学生的华文水平不一致会严重影响课堂教学效果，导致任务无法完成，影响教学进度。28.37%的教师不同意，认为教学进度由教师把控，从而体现教师对课堂的总体规划，但不否认学生水平是重要影响因素（见图2）。

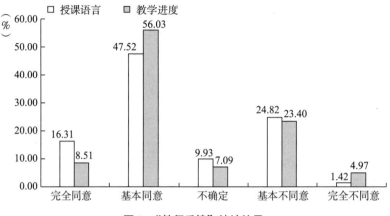

图2 "教师反馈"统计结果

华裔与非华裔"教育合流"是柬埔寨华文教育发展的必然趋势，不可阻挡。然而，母语教学与第二语言教学在教学理念、模式、方法、目标等方面差异较大。因此，华文"教育合流"无疑给教师带来更高要求，尤其是课堂教学，教师须提高自身综合素质应对挑战。

（三）学生成绩

关于学生成绩，本研究选取"您认为华裔、非华裔学生成绩差异大"与"您认为华裔、非华裔学生成绩差异会随年级升高变大"进一步讨论（见图3）。

关于题目一，68.08%的教师持反对意见，认为学生成绩与学习态度、课堂学习和学习方式等相关，与"教育合流"无必然联系，建议教师打破惯性思维，勿将学生成绩与族裔背景挂钩。有21.28%的教师同意该观点。

关于题目二，51.06%的教师表示反对，强调"年级""学段"并非影响成绩的因素，忌主观臆想。14.90%的教师同意该观点并解释：年级升高，大部分非华裔学生面临升学、就业等压力，难以投入时间、精力学习华文，而华裔学生则拥有充足的时间学习华文，成绩差异自然会增大。

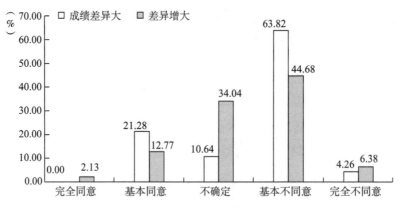

图3 "学生成绩"统计结果

综上，半数以上教师认为"教育合流"不会直接影响学生成绩，反而会在一定程度上缩小成绩差异。Long（1983）提出"互动假说"（Interaction Hypothesis），认为第二语言学习者与高于自己外语水平的人互动，特别是与本族语者互动，外语水平提高快，即互动促学，其核心机理为"协同效应"（Alignment Effect），协同即学习，无协同便无学习效应（Atkinson et al.，2007；王初明，2010）。"教育合流"为非华裔学生提供了与华裔学生交流的机会，随着对话增多，非华裔学生下意识地向华裔学生学习，通过"互动"产生"协同"效应，从而提高学习效率。

（四）学生培养方案

在"教育合流"背景下，华校生源逐渐复杂化，学生培养难度增加。对此，本文选择了班级设置、课程规划相关问题继续讨论。

就班级设置而言，66.66%的教师不同意设置"华裔班"与"非华裔班"，建议学校按照实际水平科学分班，同时强调混合式课堂有助于提升教学与学习能力。27.66%的教师同意该观点，坚持主张设置"华裔班""非华裔班"。另外，5.68%的教师没有表态。

关于课程规划，68.79%的教师表示赞同，强调母语教育与第二语言教育在课程设置方面差异较大，学校应根据学生水平、具体需求开设课程，忌"一刀切"。20.57%的教师持反对意见，认为华校应按"母语教育"统一培养学生，坚持"承继华语并发扬中华文化"的初衷，但应增设不同兴趣班，满足学生需求。此外，10.64%的教师表示课程规划与教师无关，保持中立。

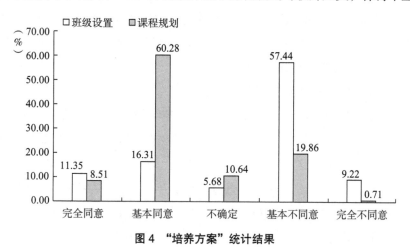

图4 "培养方案"统计结果

可见，在"教育合流"之下，华文教师对"班级设置"与"课程规划"认知不尽相同。然而，综合考虑学生水平、学习目的、实际需求等因素进行班级设置与课程规划势在必行，有利于实现柬埔寨华文教育教学资源的优化配置。

四 柬埔寨华文"教育合流"现象的诱因及影响

（一）"教育合流"诱因探讨

在"一带一路"倡议推动下，"教育合流"趋势不可阻挡。追溯原因，宽松的语言政策、经济利益驱动、文化内涵吸引是"教育合流"产生的三大诱因。

第一，宽松的语言政策是"教育合流"产生的前提条件。20世纪90年代，柬埔寨政府颁布了《第248号法令》，规定：（1）允许柬埔寨华人理事会成立；（2）允许设立华校及恢复华人庙宇和华人传统的庆祝活动（野泽知弘，2012）。上述法令的颁布标志着柬埔寨政府放宽了对华人的限制，允许继续开展华文教育。进入 21 世纪以来，中柬外交局势向好，语言政策宽松，华文教育蓬勃发展，全柬掀起的"华文热"持续至今。因此，在多元、开放的语言环境下，柬埔寨民众拥有对华文的自主选择权，为华文"教育合流"提供了政策保障。近年来，在"一带一路"倡议影响下，柬埔寨政府对华文的认可度与日俱增，政府鼓励民众学习华文，将华文与经济发展、民生往来紧密联系起来，"教育合流"不可阻挡。

第二，经济利益驱动是"教育合流"产生的根本原因。在"一带一路"倡议背景下，中柬往来频繁，交流密切，两国合作提升到历史新高度。据不完全统计，"一带一路"倡议为柬埔寨带去上千个合作项目，对华文人才的需求量较大，推动了华文学习者数量逐年攀升，尤其是越来越多的非华裔加入华文学习阵营。此外，在柬埔寨，学好华文意味着拥有广阔的就业前景与丰厚的薪资待遇。在利益驱动下，大量非华裔选择学习华文来提高语言技能，以获得理想薪资。因此，经济利益催生并加速了"教育合流"普遍化。

第三，文化内涵吸引是"教育合流"产生的重要助推力。崔希亮（2010）指出东方文化的吸引力不断增强，带动了世界各国学习汉语人数急速增长。得益于"一带一路"倡议，中柬文化交流显著增强，而中华文化历史悠久、底蕴深厚、博大精深，因其独特魅力吸引了众多以高棉人为主的非华裔。他们对中华文化充满好奇，希望通过华文了解中华文化，期待有机会留学中国并实地考察，加深对华文及中华文化的认识与感知。因此，以文化为支撑学习语言，通过文化吸引带动语言学习，更能激发学习者的积极性与主观能动性。

（二）"教育合流"影响分析

柬埔寨华文"教育合流"突破了传统华文教育的束缚，打破了母语教育与第二语言教育之间的壁垒，具有明显的积极效应，但也存在消极影响。

1. 积极效应

第一，提升柬埔寨华文教育的包容性与开放性。在"一带一路"倡议之下，柬埔寨各省市华校教学对象扩大，非华裔学生数量不断增加，学生构成多元化，"教育合流"十分普遍，标志着华文教育包容性与开放性提高。首先，教学对象扩大化，华校不仅招收华裔子弟，也向柬埔寨主流人士发出邀请，只要想学，便可加入华校学习华文，华文教育的包容性显著提升。其次，"教育合流"之下，华校开设了中柬翻译、电脑、会计等科目，为学生提供多种课程，"以满足不同学生的学习需求"，开放性明显提高。因此，"教育合流"将华文教育推向了新的发展阶段。

第二，促进中外民族的友好发展。柬埔寨政府承认华人是柬埔寨的少数民族，即华族。从语言与民族关系看，一方面，华文"教育合流"为高棉族、占族等柬埔寨本土民族提供了与华族交流的机会，有利于增进本土民族对华族语言、文化的认知。另一方面，在"教育合流"下，华族与本土民族和平共处、互相学习，促进了世界不同民族的大融合。因此，"教育合流"是中外民族保持友好关系的重要体现。

2. 消极影响

第一，对华文课堂的影响。母语教学与第二语言教学本质不同，"教育合流"使二者杂糅，必然给华文课堂带来消极影响，呈现混沌状态。据调查，64.54%的受访教师认为华裔与非华裔学生水平参差不齐严重影响教学进度。因此，在同一课堂之下，教师难以兼顾高水平的华裔学生与低水平的非华裔学生，导致进度不一、顾此失彼，且课堂时有中断，教学任务受阻，课堂效率低，教学效果差。

第二，对学生个体的影响。调研结果显示，54.48%的教师认为华裔学生与非华裔学生学习积极性有明显差异。华裔学生听说水平高，积极回答问题并主动参与讨论，课堂参与度、互动频率较高，而非华裔学生水平偏低，课堂习惯"听"而怯"讲"，内生交际意愿及表达动力始终未被激发，处于被动学习状态，学习积极性难以被调动。因此，"教育合流"在一定程度上将两类学生置于对立面。从长远看，对非华裔学生的心理与情感发展均不利，最终影响语言学习质量（Laufer, B. & Hulstijn, J., 2001）。

五 "教育合流"下华文教育发展对策

"教育合流"现象日渐凸显，利弊共存。为促进柬埔寨华文教育可持续发展，结合调研结果，本文从华校、教师、学生三个层面提出对策。

（一）华校角度

第一，稳步扩大华文纳入国民教育体系的接触面。2022 年 11 月，中柬双方签署《关于合作开展柬埔寨中学中文教育项目的谅解备忘录》，标志着中文正式被纳入柬埔寨国民教育体系。华文教育作为中文教育的重要组成部分，举足轻重。首先，柬华理事总会作为华文教育的掌舵人，须全面统筹和合理规划，加强顶层设计，制订切实可行的发展计划，找准时机推进华文纳入东盟官方语言。其次，做优华校，转变办学思路与管理模式，分层分类发展，涵盖普通教育、特色教育等，将华文全面纳入柬埔寨国民教育体系。最后，加强华校与中资企业合作，协同政府、华校、企业三方力量，开发"华文＋"合作项目，华校服务企业，企业助力华校，为华文教育发展注入新能量，同时提升华文服务当地经济、社会发展的实际能力，谋求长远发展。

第二，重新定位华文教育。现阶段，以"母语教育"为纲的柬埔寨华文教育显然无法满足"教育合流"形象之下各类学生的不同需求，弊端显露。因此，结合现状及未来趋势，须重新定位华文教育，转变教学理念，不再拘泥于母语教育标准，树立多维教育理念，按照"母语＋二语"教育思路推广华文教育，双轨并进，实现教学模式与管理模式的全面升级，引进"情景教学模式"（Situational Teaching Mode）、"学伴用随模式"（Learn Together, Use Together）（王初明，2016）等，选拔具有管理潜力的教师进行专业培训，培养管理型教师，促进华校管理科学化、系统化。

第三，优化分班测试与课程规划。在"教育合流"现象之下，现行分班标准与课程设置不尽合理，须尽快调整。首先，设置分班测试。根据口试与笔试成绩编制班级，充分考虑华裔学生与非华裔学生的实际水平，积极开展与学生水平相适应的"混合式"华文教育。其次，课程规划应以学生为中心。依据学生水平、具体需求等设置相应课程，增设华文兴趣班，拓宽学生视野，激发学习兴趣。最后，各大华校须联合现有资源，制定适切性强的华文考核标准，分阶段推进公立柬校开设华文选修科目并逐步将之过渡为必修科目。

（二）教师角度

第一，重构华文知识体系。华裔与非华裔学生的"教育合流"现象对华文教师提出了更高要求。首先，教师必须提升专业素质，内化已有华文知识，从语音、词汇、语法到汉字，厘清华文各分支系统的特点及相互联系，重新建构华文知识体系，提高系统化、专业化水平。其次，积极参加柬华理事总会、中国国务院侨办与国内高校联合举办的全球华文师资培训课程，及时更新华文知识库，实现理论学习与教学实践的有效衔接。

第二，掌握新兴的二语教学模式。"教育合流"现象倒逼教学模式变革，势不可当。华文课堂的多元化、复杂化，加剧了原有教学模式的不适应性。因此，华文教师应推陈出新，积极学习先进、科学的教学模式，如"任务型教学模式"（Task-based Teaching Mode）、"续写模式"（Continuation Writing Mode）等，全面贯彻以"学生为中心"的教学理念，鼓励学生多说、多练、多写，充分激发学生内在学习意愿。另外，华文教师应学会引导"师生""生生"课堂互动，通过"互动"实现"协同"，提高华文课堂教学效率。

第三，加强技术赋能。新一轮技术革命加速了华文教育信息化，因此，华文教师应学会"技术赋能"。一是积极学习大数据、人工智能（AI）等现代教育技术，结合现有教育资源，更新已有教学法。二是熟悉各大教育平台，掌握多元教育技术，培养"线上＋线下"双管齐下的教学能力，积极适应华文教育的智能化、网络化、数字化、科技化发展。

（三）学生角度

第一，积极融入华文课堂。无论华裔，还是非华裔，保持良好的心态是学好华文的基础。首先，努力融入"教育合流"课堂，积极配合教师完成教学任务，水平稍高者应带动水平较低者，建立互帮互助模式。其次，华裔与非华裔学生应主动交流，自主构建有效的交际场景，通过不断练习、有效模仿，迫使低水平的二语者（非华裔）向高水平的本族语者（华裔）看齐，"由低向高拉平"（王初明，2012），缩小二者差距，促发"拉平"效应，在有效且高效的互动中实现共同进步。

第二，摆正心态，建立自信。一是华裔学生须摆正心态。华裔学生远离祖籍国，长期旅居海外，对华文的认知已然变化，学习动机并不强。因此，华裔学生应调整心态，端正学习态度，认真学习祖语及中华文化，建立与祖籍国的纽带联系。二是非华裔学生须建立自信。从零基础到精通华文，需要建立学习自信，积极训练听、说、读、写各项技能，主动融入华文课堂，多与华裔学生交流，最大程度降低"僵化"效应，实现从量变到质变的飞跃。

六 结论

中柬共建"一带一路"使柬埔寨华文教育迎来了最佳发展期，"教育合流"已成为华文教育发展的必然趋势。调研发现：（1）在"教育合流"之下，华文教师普遍认为华裔与非华裔学生在课堂参与、师生互动等方面存在显著差异；（2）"教育合流"在一定程度上影响着教学进度；（3）在"教育合流"下，现有学生培养方案、班级设置、课程规划均须进行升级与调整。依据调查结果，本文提出了应对措施，涉及华校、教师、学生三个维度，以期为柬埔寨华文教育的可持续发展提供参考。另外，受客观条件制约，本文调查群体有限。因此，未来研究将扩大调查范围进行更细致、广泛的实地考察，拓展对柬埔寨华文"教育合流"的研究。

参考文献

曹云华（2020）《全球化、区域化与本土化视野下的东南亚华文教育》，《八桂侨刊》第1期。

崔希亮（2010）《对外汉语教学与汉语国际教育的发展与展望》，《语言文字应用》第2期。

陈世伦（2017）《柬埔寨粤属华侨华人社团的传承与发展》，《东南亚研究》第5期。

葛李勤、肖奚强（2019）《柬埔寨华校中小学生汉语趋向补语句习得研究》，《内蒙古师范大学学报》（教育科学版）第10期。

郭熙、林瑀欢（2021）《明确"国际中文教育"的内涵和外延》，《中国社会科学报》3月16日。

洪群（2003）《柬埔寨华文教育的发展趋势——华校融入国家教育体系》，《暨南大学华文学院学报》第 4 期。

黄佩玲（2024）《柬埔寨福建会馆民生学校发展现状中的语言定性偏差问题研究》，华东师范大学硕士论文。

何美兰（2019）《印尼汉语教学中的当代中国发展影响研究》，《河北师范大学学报》（教育科学版）第 4 期。

刘振（2021）《柬埔寨中文教材问题刍议》，《湖北经济学院学报》（人文社会科学版）第 2 期。

刘振平、贺丽君（2019）《柬埔寨华校华文教育发展的问题及对策》，《北部湾大学学报》第 8 期。

林瑀欢（2021）《东南亚华校的三语教学：趋势与方向》，《全球教育展望》第 10 期。

拓欣桐（2023）《以〈华文〉（柬埔寨初中版）第一二册为主干教材的听力辅助教材设计》，兰州交通大学硕士学位论文。

汪曦薇（2012）《柬埔寨〈华文〉教材练习考察与分析》，中山大学硕士学位论文。

王初明（2010）《互动协同语外语教学》，《外语教学与研究》第 4 期。

王初明（2012）《读后续写——提高外语学习效率的一种有效方法》，《外语界》第 5 期。

王初明（2016）《"学伴用随"教学模式的核心理念》，《华文教学与研究》第 1 期。

野泽知弘（2012）《柬埔寨的华人社会——华文教育的复兴与发展》，《南洋资料译丛》第 3 期。

余启华、陈晶雯（2017）《柬埔寨中文教育现状及其趋势研究》，《九江学院学报》（社会科学版）第 4 期。

张欢、高皇伟、吴坚、刘晗、钟燕慧、杨体荣（2021）《柬埔寨中文教育发展现状、问题与对策》，《国际中文教育研报》10 月 15 日。

张欢（2022）《"一带一路"背景下柬埔寨中文教育的困境与出路》，《大理大学学报》第 7 期。

宗世海、马天华（2021）《东南亚全日制华校华文教学质量问题分析》，《华文教学与研究》第 3 期。

曾亿伟（2018）《马来西亚砂拉越州华小华裔与非华裔学生教育合流现象调查研究——以美里罗东中华公学（华文小学）为例》，中央民族大学硕士学位论文。

Atkinson, D., T. Nishino, E. Churchill & H. Oka-da (2007) "Alignment and Interaction in a Social-cognitive Approach to Second Language Acquisition." *The Modern Language Journal*, 91(2).

Zhang, H. (2021) "Lexical richness development in Chinese second language writing: Empirical research based on Cambodian Chinese learners." *Chinese as a Second Language Research*, 10(2).

Zhang, H. (2022) "Effect of Interaction and Alignment of Continuation Task in Chinese as a Second Language Writing. " *Journal of Language, Identity & Education*, 21(4).

Laufer, B. &Hulstijn, J. (2001) "Incidental vocabulary acquisition in a second language:The construct of task-induced involvement." *Applied Linguistics*, 22(1).

Long, M. (1983) "Linguistic and conversational adjustments to non-native speakers. " *Studies in Second Language Acquisition*, 5(2).

Investigation and Research on Educational Confluence in Cambodian Chinese Education

ZHANG Huan

Abstract: Under the background of The Belt and Road Initiative, the phenomenon of Cambodian Chinese Educational Confluence is gradually highlighted. For further study, online questionnaires were conducted on 141 Chinese teachers from 19 Cambodian Chinese schools, then two questions were selected from four dimensions respectively, including Classroom Performance, Teacher feed back, Student Score and Training Program, to analyze deeply with descriptive statistical method. The results show that: (1) Educational Confluence has impacts on classroom participation of students, interaction between teachers and students, teaching progress and so forth. (2)Educational Confluence has no significant effect on on students' scores. (3) It is necessary to adjust and upgrade the current students' training program,class setting and curriculum planning. In addition, this paper discusses the inducements and influences of Educational Confluence, then puts forward targeted countermeasures from three aspects of Chinese schools, teachers and students, hoping to promote scientificization and professionalization of Cambodian Chinese Education.

Keywords: The belt and road initiative,Cambodian Chinese education, Educational confluence

作者简介

张欢，华南理工大学新闻与传播学院助理研究员，博士。研究方向为国际中文教育与传播、语言传播等。[Email：1019059471@qq.com]

华裔与非华裔学习者汉语学习动机对比研究[*]

北京华文学院　张江丽

提　要　在问卷调查的基础上,本研究对华裔汉语学习者与非华裔汉语学习者的动机进行了分析,研究发现华裔学习者与非华裔学习者汉语学习的动机类型差异较大。对华裔学习者来说,他人因素动机和个人发展动机较强,而对于非华裔学习者来说,内在的兴趣动机最为显著。这两类学习者在一些动机倾向上呈现"X"形趋势,华裔学习者较强的学习动机却是非华裔学习者较弱的学习动机。此外,性别、汉语水平、年龄这三个因素对学习者的动机类型也有一定的影响。

关键词　汉语学习动机;华裔学习者;非华裔学习者

一　研究背景

动机是为实现一定的目的激励人们行动的内在原因。就汉语第二语言学习而言,动机是学习者学习汉语的动因,学习者学习汉语的动机直接影响到他们学习汉语的积极性和持久性。

有关学习动机的分类多种多样,最著名的当属 Gardner 和 Lambert(1972)以及 Atkinson、McClelland、Clark 和 Lowell(1953)的分类了。Gardner 和 Lambert(1972)把学习动机概括为两大类:工具型动机和融合型动机。前者是把语言当作工具达到某个实际目的,如找一份薪水高的工作;后者是了解和融入目的语文化。Atkinson、McClelland、Clark 和 Lowell(1953)

---

*　基金项目:本文系国家社科基金一般项目(项目编号:21BYY170)、国务院侨办 2022 年度华文教育研究课题(项目编号:22GQB181)、世界汉语教学学会全球中文教育主题学术活动计划(项目编号:SH22Y17)、同济大学语言文字推广基地双强项目(项目编号:TJSQ22ZD03)的阶段性成果。

把动机分为内在动机和外在动机，前者是为了从语言学习活动本身获得愉快与满足，而后者则将此作为达到某一目标的途径。虽然以上两种分类不同，但是基本对应，一般认为工具型动机是外在动机，融合型动机是内在动机。

在国内语言教学领域，有不少学者开展了有关动机的研究。在英语第二语言教学中，高一虹、周燕等人的研究较有代表性。高一虹、赵媛、程英、周燕（2003）在问卷调查的基础上，通过因子分析把中国大学本科生英语学习的动机概括为七种。高一虹、刘璐、修立梅、丁林棚（2008），周燕、高一虹（2009），周燕、高一虹、藏青等（2011）分别对综合大学英语专业学生、大学基础阶段学生、高级阶段学生的学习动机进行了跟踪调查，研究较为系统。

在汉语第二语言教学领域，相当一部分有关动机的研究是以硕士学位论文的形式展开的，这些研究多以某一特定国别的留学生为对象，调查这些留学生的汉语学习动机。此外，也有一些学者发表了较有代表性的相关研究。闻亭（2007）对华裔和非华裔学习者对待目的语的态度和动机进行了比较研究。王爱平（2000）以东南亚华裔学生为对象，分析了他们的文化认同与汉语习得动机。丁安琪（2014）考察了汉语学习动机强度与动机类型之间的关系。丁安琪（2016）运用因子分析的方法对来华留学生的汉语学习动机进行了分类。陈天序（2012）通过问卷调查分析了非目的语环境下泰国与美国学生汉语学习动机的异同，研究结果表明，泰国学生与美国学生的学习动机在总体上存在显著差异，主要体现在语言层面和学习者层面。

在以上有关汉语学习动机的研究中，对比角度的研究有之，如陈天序（2012）是以泰国学生和美国学生作为比较的对象；闻亭（2007）虽然以华裔和非华裔学习者为对比的对象，但是她对动机的分类方法与本文不同，且研究较早，不能反映近年来华裔与非华裔学习者在学习动机上的基本状况。因此，本研究以在京高校华裔和非华裔汉语学习者为研究对象，对这两类学习者的学习动机进行调查。

二　研究问题

本研究试图通过对留学生汉语学习动机进行调查，找出他们在汉语学习动机上的倾向，考察华裔学习者和非华裔学习者在学习动机上的差异，分析汉语水平、性别、年龄等因素对学习者的学习动机有无影响。

研究具体问题如下：

（1）全体学习者在汉语学习动机上有何倾向？

（2）华裔学习者和非华裔学习者在学习动机上有何异同？

（3）汉语水平、性别、年龄等因素对学习者的学习动机有无影响？

三　研究方案

1. 研究对象

本研究的调查对象均为在北京高校学习汉语的外国留学生，他们来自北京几所不同类型的大学。调查对象一共有156名，他们来自泰国、印度尼西亚、菲律宾、马来西亚、老挝、柬埔寨、美国、加拿大等19个国家。其中女性90人，男性66人。华裔学习者87人，非华裔学习者69人。他们均把汉语作为第二语言，来华的主要目的是学习汉语。

2. 调查工具

本研究的工具是自编问卷，问卷采用了从"很不同意"到"很同意"的李克特五级量表形式。动机是本研究的主要考察因素和变量。这一部分问题的编制是探索式的。本文对动机的分类并未完全按照传统的分类方法，学习动机类型的设置主要源于以下几个方面：一是对前人有关动机的分类；二是对五位有经验的汉语教师以及五位学习者的访谈；三是个人学习外语的经验。在此基础上进行问卷调查，分析学习者的动机特点。

问卷在不影响教学进度的情况下在课堂内发放，并采取措施保证学生有充分的答题时间。

3. 数据分析

调查所得数据由人工录入。数据的统计按照学习者对每一选项赋值的平均得分来计算，并用 SPSS 统计软件对数据进行了描述性和推断性统计分析。

四　研究结果与讨论

1. 汉语第二语言学习者的动机类型与倾向

在教学观察中我们发现，相当一部分学习者的学习动机受家庭影响比较大。Gardner 和 Lambert（1972）提出的融合型动机不能涵盖这一情况，因此，我们选择 Atkinson、McClelland、Clark 和 Lowell（1953）的分类，将动机分为外在动机和内在动机。外在动机是指学习者外在因素对学习的影响。外在动机包括他人因素动机、个人发展动机和成绩目标动机。他人因素动机，即他人施压让学习者选择学习汉语的动机；个人发展动机，主要是为了提高个人竞争力和社会地位而学习汉语的动机，包括就业、申请中国大学、与中国做生意等近期和远期发展目标；成绩目标动机，主要是为了满足成绩、毕业或资格证书等的要求而选择汉语。内在动机主要是指兴趣动机，包括对汉语及中国文化的兴趣。

本文问卷调查部分涉及的动机类型可以概括为表 1。

表 1　汉语学习者学习动机类型

外在动机	他人因素	父母希望我学		
	个人发展	就业	申请中国大学	与中国做生意
	成绩目标	考试		
内在动机	兴趣动机	对汉语感兴趣	对中国文化感兴趣	

我们对学习者在不同动机上的得分情况进行了统计，结果如表 2。

从表 2 可以看出，得分较高的是"对中国文化感兴趣"和"对汉语感兴趣"，其次是"与中国做生意"，然后是"父母希望我学""就业"，最后是"考试"和"申请中国大学"。由此可见，学习者的内在动机得分高于外在动机，学习者对中国文化感兴趣和对汉语感兴趣是他们得分最高的两种动机。在外在动机中，个人发展动机得分最高，尤其是较长远的目标，如"与中国做生意"，而个人发展目标中的"就业"和"申请中国大学"的得分稍低。此外，他人因素也是学习者选择汉语的重要原因。

表2　学习者不同动机的平均值与标准差

动机类型	内在动机		外在动机				
			个人发展	他人因素	个人发展	成绩目标	个人发展
	对中国文化感兴趣	对汉语感兴趣	与中国做生意	父母希望我学	就业	考试	申请中国大学
平均值（分）	3.76	3.61	3.47	3.17	3.06	2.99	2.72
标准差（分）	1.26	1.30	1.46	1.67	1.50	1.63	1.44

从学习者学习汉语的整体动机类型来看，内在动机仍是他们选择汉语的主要动机，他们因兴趣而选择汉语。对教师来说，这是一个可以利用的优势因素。因为内在动机的持续时间较长，学习者更容易发挥自身的主观性，学习的积极性和热情较高，教师可以因势利导，关注他们的兴趣所在，在教学中适时加入与中国文化有关的内容，引导学习者了解更全面的中国，在满足学习者兴趣的同时，学习者的汉语水平也自然而然地得到了提高。

在个人发展这一类动机中，学习者的长远发展动机（如与中国做生意）强于短期目标动机，这也是有利于教学的重要因素，这在一定程度上说明，学习者有较强的学习目的和较清晰的个人发展规划。在我们的教学对象中，成人是教学的主体，他们学习汉语的目的性较强，有很多人把与中国做生意作为学习的重要目的。在教学中，教师可以组织一些相关的活动让学习者接触自己未来工作中可能涉及的领域，例如：参观一些知名企业和公司，在这个过程中学习者既能对未来可能从事的职业有所了解，体验了与中国人打交道的方式，同时练习了口语，感受了汉语独特的语言思维。

陈天序（2012）对非目的语环境下泰国与美国学生的汉语学习动机进行了调查，结果显示，语言兴趣和工具需要为较强的学习动机。虽然陈天序

（2012）对动机的分类与本文略有不同，但与本文的调查结果基本一致。

2. 华裔学习者与非华裔学习者的汉语学习动机比较

根据学习者的语言背景，我们可以将其大致分为华裔学习者和非华裔学习者，那么华裔学习者和非华裔学习者的汉语学习动机是否存在差异呢？他们各自的学习动机有何倾向？我们对这两类学习者的学习动机类型分别进行了统计（见表3）。

表3　华裔学习者不同动机的平均值与标准差

动机类型	父母希望我学	与中国做生意	对汉语感兴趣	就业	考试	对中国文化感兴趣	申请中国大学
平均值（分）	4.33	4.00	3.83	3.80	3.63	3.63	2.77
标准差（分）	0.84	1.05	1.18	1.13	1.40	1.19	1.30

在华裔学习者的学习动机中，他人因素是最重要的动机，这与华裔学习者特殊的家庭环境有关。在目前学习汉语的华裔学生中，大多是第三代或第四代华侨后代，他们生在居住国，长在居住国，对祖籍国——中国的了解很少，会说汉语的更是少之又少。华侨对祖国具有强烈的感情，绝大部分华侨都会让自己的后代学习汉语。

"与中国做生意"也是华裔学习者选择汉语的重要因素。这也与华侨的发展历史有关，早期华侨在迁徙海外以后，往往从普通工人做起，经过多年努力，一些人在商界有了较大发展，在一些国家，华侨是成功商人的代名词。从华侨的情感因素来看，在海外打拼的过程中，他们受尽了苦难和折磨，对祖国有着非常强烈的感情。在中国经济日益发展的今天，华侨希望自己的孩子能够学习汉语，子承父业，加强与中国的经贸合作，带领家族企业继续壮大发展。

华裔学习者的内在学习动机相对较弱，处于"被选择"的境地。对华裔学习者来说，他人因素动机和个人发展中的长期发展动机是最重要的两个动机。

对于非华裔学习者来说，内在的兴趣动机是他们学习汉语最重要的动机。对他们来说，他人因素动机是最弱的学习动机，他们选择汉语是出于对中华文化和汉语的兴趣，同时，与中国做生意是非华裔学习者选择汉语较为重要的因素，这与中国日益繁荣的经济和逐步提高的国际地位密不可分。而他们的个人发展动机，如申请中国大学、考试、就业等相对较弱（见表4）。

表4　非华裔学习者不同动机的平均值与标准差

动机类型	对中国文化感兴趣	对汉语感兴趣	与中国做生意	申请中国大学	考试	就业	父母希望我学
平均值（分）	3.86	3.43	3.03	2.68	2.46	2.44	2.17
标准差（分）	1.32	1.39	1.61	1.56	1.63	1.50	1.56

通过对华裔学习者和非华裔学习者动机倾向的分析，我们发现这两类学习者在汉语学习动机的倾向上表现出不同的特点，可以用图1来表示。

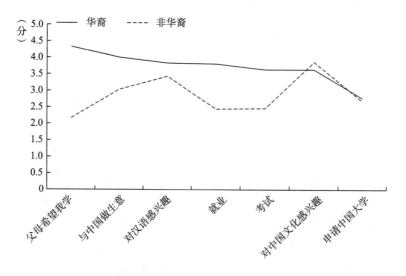

图1　华裔学习者和非华裔学习者汉语学习动机倾向对比

从图1可以看出，华裔学习者和非华裔学习者汉语学习动机倾向的走势差异很大，这也在一定程度上揭示了这两类学习者的独特特点。

对华裔学习者来说，"父母希望我学"和"与中国做生意"是最重要的学习动机，而"父母希望我学"则是非华裔学习者得分最低的动机。对于非华裔学习者来说，"对中国文化感兴趣"和"对汉语感兴趣"是他们选择汉语的主要原因，而这些内在动机在华裔学习者中的得分较低。可见，华裔学习者学习汉语时受外在因素的影响较大，而非华裔学习者选择汉语则多出于自己的兴趣，他们的内在动机较为显著。

从动机得分的平均值来看，华裔学习者和非华裔学习者在一些动机类型上差异较大，那么这些差异是否具有统计学意义呢？我们利用 SPSS 软件对此进行了 T 检验，检验结果如表 5。

表 5　华裔学习者与非华裔学习者不同动机之间的差异显著性检验

差异显著性检验	就业	考试	申请中国大学	与中国做生意	对汉语感兴趣	对中国文化感兴趣	父母希望我学
T	4.19	3.12	0.26	2.95	1.26	−0.75	7.07
P	0.00	0.00	0.80	0.01	0.21	0.46	0.00

由检验结果可知，华裔学习者和非华裔学习者除了在"申请中国大学""对汉语感兴趣""对中国文化感兴趣"这几类动机上不存在显著差异以外，在其他动机上的 P 值均小于 0.05，这说明二者在这些动机类型上均存在显著差异，其中在"父母希望我学""就业""考试"上的差异尤为显著。

3. 汉语水平对学习动机的影响

由于测试的高级水平的学习者人数相对较少，我们把学习者的汉语水平概括为两个级别：初级和中高级。这两类学习者在不同动机上的得分情况及差异显著性检验结果如表 6。

表 6　不同汉语水平学习者在不同动机上的得分及差异显著性检验结果

动机	汉语水平	平均值（分）	标准差（分）	T	P
就业	初级	2.1250	1.64208	−2.278	0.029
	中高级	3.4483	1.40372		
考试	初级	2.0000	1.73205	−2.089	0.044
	中高级	3.2414	1.50369		

续表

动机	汉语水平	平均值（分）	标准差（分）	T	P
申请中国大学	初级	2.8889	1.76383	0.362	0.720
	中高级	2.6897	1.33907		
与中国做生意	初级	3.1111	1.76383	−1.374	0.178
	中高级	3.8571	1.29713		
对汉语感兴趣	初级	3.2222	1.78730	−0.852	0.414
	中高级	3.7586	1.09071		
对中国文化感兴趣	初级	3.7778	1.71594	0.032	0.975
	中高级	3.7586	1.05746		
父母希望我学	初级	1.3750	1.06066	−7.305	0.000
	中高级	4.2857	0.97590		

　　数据分析结果显示，初级水平的汉语学习者在兴趣动机上的得分最高，他们对中国语言、文化、生活、国情表现出较大的兴趣，其次是个人发展动机，如"与中国做生意""申请中国大学""就业"等，而"考试"动机较弱，他人因素动机最弱。

　　对于中高级水平的学习者来说，最重要的动机是他人因素动机，其次是长期的目标动机"与中国做生意"，而兴趣动机次之，"就业""考试""申请中国大学"这些动机较弱。

　　不同汉语水平学习者的动机倾向也从一个侧面印证了华裔学习者和非华裔学习者的动机状况。他人因素动机对于初级水平的学习者来说是最弱的动机，而对于中高级水平的学习者来说则是最强的动机。这一结果与前文中有关华裔学习者和非华裔学习者在他人因素动机上的表现基本一致，他人因素动机是华裔学习者最强的动机，这又是非华裔学习者最弱的动机。在实际的教学中，在中高级水平的汉语学习者中华裔学习者占大多数，"他人因素"是他们选择汉语的重要原因。而初级水平的学习者来源相对多样化，兴趣动机及个人发展动机是学习者选择汉语的重要推动力。

　　我们对不同水平的汉语学习者在这些动机上是否存在差异进行了 T 检

验，结果显示，不同水平的汉语学习者在个人发展动机，如"就业""考试"这类动机上存在显著差异（T=-2.278，P=0.029；T=-2.089，P=0.044），此外在"他人因素"动机上，初级水平的学习者和中高级水平的学习者也存在显著差异（T=-7.305，P=0.000）。

4. 性别对学习动机的影响

不同性别的学习者在这些动机上有无显著差异呢？我们对不同性别学习者在这些动机上的差异进行了 T 检验。检验结果如表 7 所示。

表 7　不同性别学习者在不同动机上的得分及差异显著性检验结果

动机	性别	平均值（分）	标准差（分）	T	P
就业	男	3.1250	1.45305	0.825	0.413
	女	2.7000	1.76698		
考试	男	3.0702	1.61311	1.022	0.311
	女	2.5000	1.71594		
申请中国大学	男	2.6667	1.36713	-0.671	0.505
	女	3.0000	1.88562		
与中国做生意	男	3.5088	1.40309	0.544	0.588
	女	3.2222	1.85592		
对汉语感兴趣	男	3.5614	1.29584	-0.756	0.452
	女	3.9000	1.37032		
对中国文化感兴趣	男	3.6491	1.28857	-1.771	0.081
	女	4.4000	0.84327		
父母希望我学	男	3.3750	1.57898	2.581	0.012
	女	1.8889	1.76383		

检验结果显示：学习者在他人因素（父母希望我学）这一动机上存在显著差异（T=2.581，P=0.012），而在其他动机上无显著差异。这表明男性学习者和女性学习者在这些动机上差异不大。

5. 年龄对学习动机的影响

学习者的年龄跨度较大，我们以 18 岁和 30 岁为界，将这些学习者的年龄分为 18 岁以下，18~30 岁，30 岁以上这 3 个阶段，并对学习者在这些动机上的差异进行了描述性统计和单因素方差分析，结果显示，18~30 岁的学习者总体的动机得分高于其他年龄段的学习者（见表 8）。方差分析结果显示：学习者在成绩目标（如考试）这一动机上存在显著差异（$F=3.365$，$P=0.046$），18~30 岁的学习者在这一动机上的得分明显高于其他两类学习者；同时，学习者在他人因素动机（父母希望我学）上也存在显著差异（$F=53.361$，$P=0.000$）（见表 9）。由此可见，18~30 岁的学习者总体的动机强度高于其他年龄段的学习者（见表 8）。

表 8　不同年龄学习者在不同动机上的平均得分

单位：分

	就业	考试	申请中国大学	与中国做生意	对汉语感兴趣	对中国文化感兴趣	父母希望我学	平均分
＜18 岁	2.1250	2.0000	2.8889	3.1111	3.7778	3.7778	1.3750	2.7222
18～30 岁	3.5000	3.3214	2.6071	3.8571	3.7500	3.7500	4.2857	3.5816
＞30 岁	2.2300	1.1200	4.2901	1.0001	3.2790	4.0000	0.1204	2.2914

表 9　不同年龄学习者在不同动机上的差异显著性检验结果

差异显著性检验	就业	考试	申请中国大学	与中国做生意	对汉语感兴趣	对中国文化感兴趣	父母希望我学
F	3.111	3.365	1.459	1.887	0.773	0.02	53.361
P	0.057	0.046	0.246	0.178	0.47	0.98	0.000

五　结语

整体上看，在京高校留学生学习汉语最重要的动机是内在动机，学习者对中国语言文化的兴趣是驱使他们学习汉语的重要因素。"兴趣是最好的老师"，教师应该抓住这一优势，在教学中从各方面鼓励学习者，让他们尽可能长久地保持学习兴趣，不断探索中国语言文化的奥秘。此外，长远的工具型动机（如与中国做生意、就业）也是他们选择汉语的重要因素。随着中国国际地位的提升，与中国做生意成为很多学习者选择汉语的重要原因。在一些国家，掌握汉语就意味着在就业时多了一个砝码。值得注意的是，人为因素对学习者选择汉语也有较大的影响，这也印证了前人的一些研究结论，汉语第二语言学习者，尤其是华裔子弟最初选择汉语课程多数是源于父母的期望与安排。而学习者考试、申请中国大学等方面的短期工具型动机最弱。

华裔学习者和非华裔学习者的汉语学习动机类型差异较大，对华裔学习者来说，他人因素动机中的"父母希望我学"和个人发展动机中的"与中国做生意"动机最为显著，而对于非华裔学习者来说，内在的兴趣动机是最重要的动机。可见，学习目的和学习动机的类型不同，学习者学习动机的强弱程度和持久性就不同。学习者学习汉语的动机直接影响到他们学习的主动性。

在个人因素上，性别、汉语水平、年龄也是影响学习者动机类型的重要因素。不同性别学习者在他人因素动机上存在显著差异，初级水平学习者与中高级水平学习者在成绩目标动机及他人因素动机上均存在显著差异。18~30岁的学习者总体的动机强度高于其他年龄段的学习者。教师应该根据学习者的特点在教学中因势利导，最大程度地提高他们学习汉语的能力。

研究汉语学习者的学习动机可以为制订教学策略、选择教学模式、选择教学方法、编写有针对性的教材提供指导。本研究通过调查学习者的动机倾向、比较华裔与非华裔学习者学习汉语的动机特点、分析个人因素对学习者动机类型的影响，从一个层面考察了学习者学习汉语的心理特点。但由于被试及测试题目有限，只能比较学习者在本文框架下的动机差异，后续研究可以扩大被试数量及研究范围，从而更加全面地反映汉语学习者的心理特点。此外，学习动机的形成原因是多方面的，倘若能对出现这种情况的深层社会、文化、历史原因进一步解释，就能更深入地了解学习者的学习心理。

参考文献

陈天序（2012）《非目的语环境下泰国与美国学生汉语学习动机研究》，《语言教学与研究》第4期。

丁安琪（2016）《来华留学生汉语学习动机类型分析》，《海外华文教育》第 3 期。

丁安琪（2014）《留学生来华前汉语学习动机强度分析》，《华文教学与研究》第 3 期。

高一虹、赵媛、程英、周燕（2003）《中国大学本科生英语学习动机类型》，《现代外语》第 1 期。

高一虹、刘璐、修立梅、丁林棚（2008）《大学生基础阶段英语学习动机跟踪——综合大学英语专业样本报告》，《天津外国语学院学报》第 6 期。

倪清泉（2010）《大学英语学习动机、学习策略与自主学习能力的相关性实证研究》，《外语界》第 3 期。

闻亭（2007）《华裔与非华裔汉语学习者对待目的语群体态度及习得动机比较研究》，载《第五届全国语言文字应用学术研讨会论文集》，沈阳：辽宁大学出版社。

王爱平（2000）《东南亚华裔学生的文化认同与汉语学习动机》，《华侨大学学报》（哲学社会科学版）第 3 期。

周燕、高一虹（2009）《大学基础阶段英语学习动机的发展——对五所高校的跟踪研究》，《外语教学与研究》第 2 期。

周燕、高一虹、藏青等（2011）《大学高年级阶段英语学习动机的发展——对五所高校学生的跟踪调研》，《外语教学与研究》第 3 期。

Atkinson,J.D., McClelland,C.R.A., Clark & E.L.Lowell (1953) *The Achievement Motive*. New York: Appleton.

Gardner,R.C&W.E.Lambert (1972) *Attitudes and Motivation in Second Language Learning*. Rowley, MA: Newbury House.

Motivation Research of Chinese Ethnicity and Non-Chinese Ethnicity Learners who Take Chinese as the Second Language

ZHANG Jiangli

Abstract: This paper analyses the motivation of Chinese ethnic learners and non-Chinese ethnic Learners in Universities of Beijing based on the questionnaire survey. The result shows that motivation of Chinese ethnic learners and non-Chinese ethnic learners has big differences. For Chinese ethnic learners, extrinsic factor and individual development are the most important motivations. For non-Chinese ethnic learners, intrinsic interest motivation is the most important factor. It shows "X" trend between them, the strongest motivation for Chinese ethnic learners is the weakest for non-Chinese ethnic learners. Moreover, sex, Chinese level and age have effects on motivation.

Keywords: Chinese learning motivation, Chinese ethnic learners, Non-Chinese ethnic Learners

作者简介

张江丽，博士，北京华文学院教授，北京华文学院华文教育发展研究中心副主任。研究方向为汉语第二语言学习者习得研究，东南亚地区的华文教育。[Email：zjlice@163.com]

基于语料库的语言使用实态中汉语核心
离合词用法研究*

厦门大学中国语言文学系　李长浩

提　要　现代汉语核心离合词具有典型性，本文在前人研究基础上归纳出 9 个核心离合词，利用现汉本体语料库、中介语语料库考察母语者和二语者的使用、学习特点。研究发现，在母语者方面，核心离合词当下使用实态以合用为主；具体使用上，虽经常离用且较灵活，但常用插入形式集中于少数类型。在二语者方面，通过对中介语语料统计分析发现，二语者对核心离合词的运用、掌握与母语者差异明显，即对离散形式的掌握较薄弱，具体表现是多为简单、短小插入成分，运用复杂离散形式的能力不高，偏误类型较集中等。通过考察母语者和二语者对核心离合词的使用，可揭示其使用实态，推动本体研究和教学；同时也可进一步克服离合词习得薄弱点、偏误，助力国际中文教育。

关键词　核心离合词；使用实态；离散情况；插入成分；国际中文教育

一　引言

　　离合词是汉语中一类较特殊且常见的语言现象，自陆志韦（1957）提出"离合词"概念起，学界对离合词①的研究已有 60 多年，可分为两个阶段，第一阶段（20 世纪 50 年代至 70 年代末）以理论研究为主，集中探讨离合词的命名、性质、界定、类型、离散和功能等；第二阶段（20 世纪 80 年代至今）除理论研究外，也出现了应用研究，包括对外汉语教学、中文信

---

　　*　　基金项目：本研究受国家社科基金重点项目"面向国际中文教育的常用词用法知识资源建设与智能信息检索平台研究"（项目编号：22AYY014）资助。
　　①　为行文方便及便于理解，下文仍使用"离合词"这一得到普遍认可的名称。

息处理和词典编纂等。对离合词的应用研究涉及其用法特点，因此有必要在此基础上深化相关研究。目前，学界对离合词用法的研究也很多，如语用价值、表达效果及功用、离析的交际功能、扩展能力、对外汉语教学等方面的研究。进一步观察可发现，前人研究既有内省式的分析，也有基于语料库的考察、中文信息处理识别、离析结构翻译等，但在涉及具有代表性的典型或核心离合词方面仍不够深入，而这类离合词对整个离合词范畴研究及二语教学的作用不可忽视。本文拟从实际语料中考察核心离合词用法，主要包括离散情况、插入成分和类型及在汉语作为第二语言的学习者中的使用情况。

作为一种独特的汉语现象，离合词的特殊之处正在于使用中的既合又离，但性质仍为词并非短语，即一种结构上可以扩展的、特殊的词，而意义上又呈现整体性（赵淑华、张宝林，1996），也可以说概念上具备完形性（Packard，2000）。因此，本研究在前人基础上，从离合词性质为词的角度出发，致力于考察核心离合词的用法。

现代汉语离合词的数量一直处于增加状态（黄晓琴，2003），本文很难将每个离合词都列入考查范围，而选取适合实际需要的领域或对象进行研究是通行做法（王海峰，2008）。有研究者指出，汉语双音词绝大部分是"离合词"，可分可合，只是可离程度不同；两个字组成双音词，前提就是可分，原因在于"单音字仍然相当活跃"。这种观点下的"离合词"属于较为广义的概念，但也说明离合词有语言发展的根基，非封闭范畴。因此，本文认为既然汉语呈现大多数双音词可离合的现象，在未总结出具有高度适用性的识别规则、方法的情况下，若要细化并深入相关研究，可尝试选取核心离合词。

核心离合词是离合词中具有代表性的一类，具有核心词特征。学界对核心词多有不同认识，在界定和理解时也呈现多元倾向（翟颖华，2012）。赵世举（2014）指出，核心词要根据具体情况、综合各种条件来确定，认为常用度高、分布面广、稳定性强、流通域宽、组合力强是筛选各类核心词的重要因素和条件。基于此观点，本文将核心离合词的选取定位在专家语感范围内，根据有代表性的前人成果来获取现代汉语核心离合词。前人研究涵盖了典型的离合词词典，涉及对外汉语教学领域不同时代的"大纲"或"标准"，使用了各类典范语料库，因此在研究离合词的常用度、分布情况、使用特征等方面具有代表性，其中所归纳和使用的离合词集合也具备参考价值和借鉴意义。

任海波、王刚（2005）将《现代汉语"离合词"用法词典》（1995，以下简称《用法词典》）和《汉语水平词汇与汉字等级大纲》（1992，以下简称《大纲》）的离合词进行比较，经语料统计选出例句 >100 且离散频率 >50% 的 12 个核心离合词。王海峰（2008）结合《现代汉语词典》（2005 年第 5 版，以下出现的《现代汉语词典》均简称《现汉》）从《大纲》中提取双音离合结构，经语料库检索得出离散频率 >10% 的 60 个重点离合词；进一步确定了例句数 >200 的 16 个核心离合词。童玲（2013）据 CCL 现汉语料库、国家语委语料库来考察《汉语国际教育用音节汉字词汇等级划分》（2010）的"普及化等级词汇"中的 73 个离合词，选取了离散频率高于均值的 26 个词作为典型词。刘璇（2013）选取《大纲》与《用法词典》的共现离合词，在国家语委语料库检索后得出离散频率最高的 50 个常用离合词。

总体而言，前人从离散频率角度统计出了"核心"和"典型"离合词，但未作深入分析，基本上只对离合词范畴进行整体研究，缺乏对核心离合词的考察，这为本文研究提供了突破点。前人在获取词表时，参考了已有的离合词词典、对外汉语教学词表和《现汉》等权威词典和词表，因此本文不再重复考察各类词典、词表。

本文在前人成果基础上进一步统计。前人研究包括任海波与王刚（2005）的 12 个典型离合词、王海峰（2008）的 16 个核心离合词、王海峰（2008）的 60 个重点离合词、童玲（2013）的 26 个典型离合词、刘璇（2013）的 50 个常用离合词及高永安（2009）的 186 个离合词、周上之（2011）的 18 个基础离合词、王海峰等（2013）的 207 个核心离合词。我们摘取出这些典型、常用、离散频率高的离合词并做进一步整理。根据不同离合词在 8 项研究中的散布情况，得出散布度 ≥ 6 的 9 个词[①]作为核心离合词，即"睡觉、洗澡、

---

① 其余离合词的散布度均在 6 以下，鉴于数量较多，本文只选取了离散度高的核心离合词进行考察。

见面、帮忙、生气、吃惊、听话、吃亏、干杯",其散布度如图1所示。本项研究希望有助于揭示现代汉语核心离合词的一些特征,并为汉语作为第二语言教学提供积极参考。

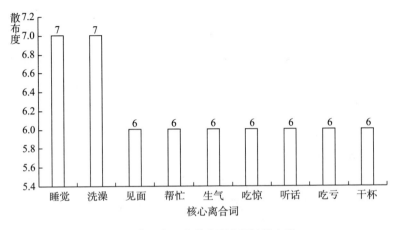

图1　本研究9个核心离合词的散布度

二　语料选取及整理

本文以9个离合词为例,利用BCC"对话"语料库,同时参考CCL现汉语料库中"口语""相声小品""网络语料"3个子库约2700万字语料来考察核心离合词用法。本研究选择参考语料库的主要原因在于离合词的离散使用多见于口语语体,语体庄重程度是影响离析现象隐现的关键条件(王海峰,2008);"对话"和"口语"库以收集口头对话为主,"相声小品"与"网络语料"库也呈现明显口语特色,因此所选语料口语性较强、代表性较高。我们对核心离合词逐一检索后,得到了BCC与CCL两库的原语料数据。鉴于原语料中存在大量混乱、冗余、形近易误等情况①,本文以人

---

①　混乱情况,如"几百年没见是否依然钟爱面包"。冗余情况,如"睡觉觉""洗澡澡"。形近易误情况,如"洗了一下午澡堂子"被识别为"洗了一下午澡";"她一听爸妈的话就急了,马上捂住了耳朵"被识别为"听爸妈的话"。这些都是在整理时要剔除的语料。

工过滤的方式进行了筛选。另外，考虑到离合词语义的整体性及构成成分或语素自由度受限，我们遵循一条规则进行筛选：离合词是现代汉语中的一种双音结构，中间可插入其他成分，可离可合，但意义凝固、具有整体性。基于此规则对原语料进行清洗整理，又剔除一些不符合研究对象要求的例子。

以"听话"为例，《现汉》（2016）中给出了3个义项："①用耳朵接受别人的话音；②听从长辈或领导的话，能听从长辈或领导的意志；③等候别人给回话。"据本文规则，针对原语料中"听话"的使用情况，我们剔除了"听远方的话"这种语义上由"听"和"话"两个自由语素组成的离散形式，留了"听长辈的话"这类具有整体意义①的形式。经清洗后整理得到了适用于本研究的语料。为区别语料来源和便于作图，本文将来源于CCL的语料称为"离用1、合用1"，将来源于BCC的语料称为"离用2、合用2"，具体见表1和图2。

表1　BCC和CCL语料库核心离合词语料清洗结果

单位：条

核心 离合词	CCL语料例句数			BCC语料例句数		
	离用1	合用1	总例句数	离用2	合用2	总例句数
睡觉	162	685	847	22600	182020	204620
洗澡	52	260	312	8146	26424	34570
见面	102	1024	1126	2734	28526	31260
帮忙	106	324	430	2699	16168	18867
生气	34	464	498	1636	41072	42708
吃惊	138	258	396	40	1022	1062
听话	55	164	219	2218	8865	11083
吃亏	84	166	250	664	3102	3766
干杯	5	10	15	798	1638	2436

---

① 《现代汉语词典》（2016）的第2个义项，遵循了离合词在离散使用时意义上的整体性。

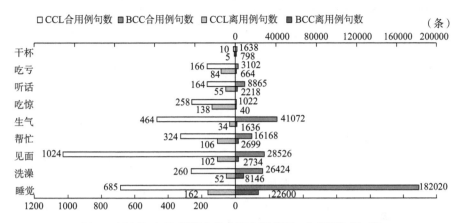

图2　BCC 和 CCL 语料库核心离合词离用、合用例句数对比

如表1和图2所示，不同语料库的核心离合词语料数量明显不同，CCL的3个子库主要是口语类语料，但实际包含了一些书面语料，如"网络语料"库中的个人博客，"口语"库中比较正式的"电视访谈"等。因此，本文所选择的 CCL 子语料库的有效语料不多，总例句数偏少；但总体而言，3个子库以口语体为主且类型丰富。文中列举的例句主要来自 BCC 语料库，对此不再标记出处；其余例句则标记了来源。

三　核心离合词离散形式的特征

1. 离散频率的特征

离合词特殊之处在于可离可合，但当下使用情况如何、以何种趋势为主则须进一步研究。这里主要对核心离合词"离"的状态进行考察，在揭示离用情况的同时，其合用情况自然可以得知。

从 BCC "对话"库和 CCL 3 个子库的检索结果来看，9 个核心离合词离散情况可归纳如表2。

表2 BCC 和 CCL 语料库核心离合词离散情况对照

核心 离合词	BCC 语料库		CCL 语料库		差值	
	离散频率	位序	离散频率	位序	位序差	频率差
干杯	32.76%	1	33.33%	3	−2	−0.57%
洗澡	23.56%	2	16.67%	7	−5	6.89%
听话	20.01%	3	25.11%	4	−1	−5.10%
吃亏	17.63%	4	33.60%	2	2	−15.97%
帮忙	14.31%	5	24.65%	5	0	−10.34%
睡觉	11.04%	6	19.13%	6	0	−8.09%
见面	8.75%	7	9.06%	8	−1	−0.31%
生气	3.83%	8	6.83%	9	−1	−3.00%
吃惊	3.77%	9	34.85%	1	8	−31.08%

各核心离合词例句量存在明显差别。表1表明BCC语料无论合用还是离用，"睡觉"数量均居首位；CCL语料"见面"和"睡觉"两词的例句数居前两位；而在两类语料中，9个离合词在各自离用、合用的数量上都表现出较大不同。但是，只从离散例句数量上很难发现各词的使用特点，加之BCC和CCL语料内容各异、数量悬殊，仅仅依靠绝对数量分析并不准确且可比性较差。因此，本文又引入了离散频率，求目标离合词离用例句数在总例句数中的占比，据离散频率由高到低排序。

如表2所示，BCC语料中仅有"干杯"的离散频率超过30%；CCL语料中有"吃惊、吃亏、干杯"3个词离散频率大于30%；其余词的离散频率较低。相较而言，BCC语料目标词离散频率低于CCL语料目标词的离散频率，从表1离用例句数和总例句数的对比上也可看出这一点。这种差别既与语料库收录的语料量有关，也与语料类型有关，BCC语料量极大，因此在合用例句数量上占优势，CCL语料库尽管包含少量书面体语料，但主体为口语性较突出的语料，因此后者代表的语料整体离散频率偏高。

需要指出的是，由表2可知，BCC和CCL两类语料中9个核心离合词离散频率均未超过合用频率，就统计结果而言，上述核心离合词在当下现代汉语口语运用中仍以合用为主要形式。这种合用频率高于离散频率的现象是巧合，还是离合词发展过程中呈现的特点或者一种自然现象呢？本文以为这种现象并非巧合，而是有其规律性。

首先，可以从汉语发展规律的角度进行解释。在现代汉语新词语的动态使用中，三音节词占据主导地位，但二音节词仍为现代汉语发展的主流，稳居语言使用中各音节词首位（郑泽芝、张远洋，2020）。可以说，在持久的汉语双音化发展趋势下，多数离合词的内部成分在结构上表现为结合紧密、使用稳定的态势，即合用仍是当下离合词的主要用法。对核心离合词来说，其离散频率高于非核心词，同时高于因修辞目的而临时"离散"的双音词，但是双音节形式的离合词是无法脱离汉语双音化范畴的。

其次，前人研究也可以佐证这一点。任海波、王刚（2005）对 423 个离合词的研究显示离散频率在 30% 以上的离合词占比不到 17%；王海峰（2008）通过对《大纲》392 个离合词离散情况的研究发现超过 70% 离合词的离散例数小于 100 例，仅有 22 个词的离散频率高于 30%。前人研究基本表明，无论从离合词整体范畴看，还是集中于核心词，能够离散使用且离散频率高的离合词在语言使用中都居于少数派地位。

除了对比离散频率外，我们也考察了核心离合词在两大语料库中的位序差、频率差，如表 2。数据显示，位序差与频率差并不完全对应，如"帮忙、睡觉"位序差都为 0，频率却差距明显，因此本文主要以频率差来研究其特点。对比后发现"吃惊、吃亏、帮忙、睡觉"4 个核心离合词存在明显差别，均表现为 BCC 语料离散频率明显低于 CCL 语料离散频率，如表 3、图 3。

表 3　BCC 和 CCL 频率差及例句情况对照

单位：%，条

核心词	频率差	CCL 离用例句	CCL 有效例句	BCC 离用例句	BCC 总例句
吃惊	−31.08	138	396	40	1062
吃亏	−15.97	84	250	664	3766
帮忙	−10.34	106	430	2699	18867
睡觉	−8.09	162	847	22600	204620

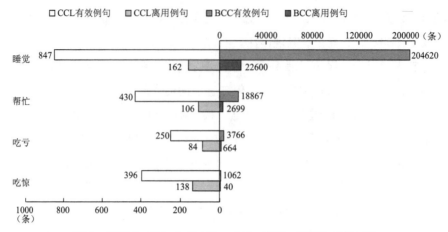

图3　BCC 和 CCL 中"吃惊、吃亏、帮忙、睡觉"用例对比

如图3所示，通过左、右两个坐标轴的数量对比可以看出在有效例句数和离用例句数方面，右侧 BCC 语料的内部差距明显较大，如"睡觉"一词相差十多万条语料，数量最少的"吃惊"一词数量差也在1000条以上；CCL 语料内部差距最大的是"睡觉"，但也仅仅相差不到700条语料。相比于有效语料量偏少的 CCL 子库，频率差较大的"吃惊"在 BCC 语料中离用例句数反而很少。出现这一现象有以下两点原因。第一，通过对 BCC 语料离散形式的研究发现"吃惊"的主要离散形式很有限，可插入成分类型偏少，包括数词（吃一惊，3个）、助词（吃了惊，6个）、助词＋数词（吃了一惊，25个）、助词＋数词＋形容词（吃了一大惊，1个）、疑问代词（吃啥惊，5个）5类，且主要集中在"助词＋数词"形式上，真正的离散语料不多。第二，4个词的频率差都较为明显，但"吃惊"频率差最突出，这也与两大语料的内容有关，BCC 语料虽涉及"对话"类，但真正对话中不仅"吃惊"用例不多，而且交际双方很少使用"吃惊"的离散形式来形容自己或对方的状态；而 CCL 语料库的口语体语料涉及的描述性口语内容居多，对话类偏少，在描述性内容中自然包含了较多的"吃惊"离散用例。

离散频率是衡量核心离合词用法的一个指标，但离合词之所以离散，是因为现实交际使用的需要。其离散情况在形式上既包括中间插入成分，也有后一成分倒置①的情况。因此，在研究核心离合词离散频率时，也要抓住离散形式特征，从插入成分等方面作进一步分析。

2. 插入成分的特征

作为收录离合词的词典，《常用词典》（2011）和《学习词典》（2013）对离合词的插入成分都有说明，前者指出离合词的插入成分包括动态助词、结构助词、数量短语、动量词、时量词、结果补语、可能补语、限定代词等，后者指出包括了、着、过、名词/名词短语、动词/动词短语、形容词/形容词短语、数词、量词、代词（人称代词/限定代词）、补语（结果补语/可能补语/趋向补语）等。《用法词典》（1995）出版年代较早，插入成分包含的类型和数量并不全面且有待细化，以"睡觉"为例，可插入数词（睡一觉）、量词（睡个觉、睡点觉）、疑问代词（睡什么觉）等，这些使用实态该词典都未列出。因此在考查核心离合词的插入成分时，本文未参考《用法词典》，以《常用词典》和《学习词典》为主。

王春霞（2001）曾对《常用词典》离合词插入成分进行研究，结果表明大多数离合词的插入成分只有1~3个词且多为"了、过、什么"及"点儿、个"等，但未详细列举、分析插入成分；王俊（2011）也认为实际运用中离合词插入的成分以1~2个成分为主，但所谓"成分"在其例句中主要是汉字而非词语。本研究尝试从语法结构角度对核心离合词插入成分的类型进行量化描述和举例说明并加以总结，以揭示使用中核心离合词包含的插入成分有哪些及主要类型。

本文对插入成分的划分以词为中心，即从词而非短语的角度来分割插入成分，以更清楚、具体地展示核心离合词的离散特征，这有利于在语料分词基础上准确识别离合词的离散形式从而帮助释义，并对离散形式的还原性释义也有一定帮助。关于插入成分的情况，本文在前人基础上对其名称进行改变，从而较详细地描写和涵盖不同插入成分。构成核心离合词插入成分的词

---

① 离合词的倒置，既有两个构成成分位置颠倒且中间不插入成分的情况，如"澡洗了"等；也有倒置后中间插入成分的例子，如"这个澡就别洗了"。

或结构形式[①]主要包括 10 类，见表 4。

表 4　核心离合词插入成分的词类或结构构成

插入成分名称									
名词	谓词：动词/形容词	助词：动态助词/结构助词	数词	量词：动量词/名量词	代词：人称代词/限定代词	疑问代词	补语：结果补语/可能补语/趋向补语	重叠	倒置

　　由表 2 可知，尽管 CCL 语料中核心离合词的离散频率相对较高，但表 1 显示了以语料中离用例句数过少，如"干杯（5 例）、洗澡（52 例）、听话（55 例）"，"干杯"仅有插入数词的用例，"洗澡"单独插入"个""完"的用例接近离用例句数的一半（24 例），"听话"离用形式中包含"听某人的话"这类格式的例句多达 41 例。由此可知，少数离散形式主导了 CCL 语料中核心离合词的使用情况，所以在研究插入成分时，我们主要集中在 BCC 语料上，适当辅以 CCL 语料。

　　经过对 BCC 语料中离合词插入成分的分析，同时参考《常用词典》和《学习词典》两部词典内容，归纳出了 9 个核心离合词的 47 类插入成分，见表 5。

表 5　核心离合词插入成分类型及实例

插入成分	实例	插入成分	实例	插入成分	实例
名词/代词	生我气	助词	生着气	助词+谓词	吃了大亏
名词/代词+助词	听妈妈的话	助词+数词	吃了一惊	补语	睡不着觉
名词/代词+数词	见他一面	助词+数词+量词	见过三次面	补语+数词	见上几面
名词/代词+量词	帮我个忙	助词+数词+谓词	吃了一大惊	补语+名词/代词	干完这杯

　　[①]　指离合词的重叠和倒置两类，在结构上不是词，但属于独立使用的结构，因此也被归纳在同一表中。

续表

插入成分	实例	插入成分	实例	插入成分	实例
名词/代词+谓词	生这么大气	助词+数词+量词+助词	洗了五年的澡	补语+疑问代词	帮不上什么忙
名词/代词+谓词+助词	生那么大的气	助词+数词+量词+谓词	睡了一个好觉	补语+助词	洗干净了澡
名词/代词+量词+谓词	帮我个小忙	助词+数词+量词+名词+助词	洗了两个小时的澡	补语+助词+名词	洗上了热水澡
疑问代词	生什么气	助词+量词	睡了个觉	补语+数词+量词	洗上一次澡
疑问代词+谓词	睡什么懒觉	助词+量词+名词	洗了个热水澡	补语+数词+量词+谓词	睡上一次懒觉
数词	见一面	助词+量词+谓词	吃了个大亏	重叠	洗（一）洗澡
数词+量词	帮一个忙	助词+谓词	睡了安稳觉	倒置	觉也没睡
数词+量词+谓词	睡一个好觉	助词+谓词+助词	帮了很大的忙	–	–
数词+量词+名词	洗一个热水澡	助词+名词/代词	听了你的话	–	–
量词	睡个觉	助词+名词/代词+数词	见过我几面	–	–
量词+名词	洗个热水澡	助词+名词/代词+助词	见过才女的面	–	–
量词+谓词	睡个安稳觉	助词+疑问代词	吃的什么亏	–	–
量词+疑问代词	生个什么气	助词+疑问代词+谓词	睡过什么懒觉	–	–
量词+谓词+助词	吃个巨大的亏	谓词	帮大忙	–	–

　　尽管核心离合词插入成分类型的总数较大，但因为各核心离合词的使用语境不同，各自对应的插入类型也不同，如表6。

表6　9个核心离合词插入成分类型的数量

单位：个

核心离合词	睡觉	洗澡	帮忙	吃亏	生气	见面	听话	干杯	吃惊
插入成分类型数量	23	19	18	16	14	13	13	8	5

　　进一步统计可知，表5尽管显示插入成分类型数量很多，但实际为每个离合词插入成分的交叉集合。如表6所示，每个词插入成分类型在数量上并不能涵盖所有类型。我们发现一些核心词仍存在共有插入成分，根据插入成分在9个核心离合词中的散布情况对其进行归纳，数据统计显示散布数[①]≥5的插入成分有6类：助词（了/着/过、的），疑问代词（什么、啥），数词+量词，量词，倒置，补语（见表7）。

表7　散布数≥5的插入成分类型

单位：个

插入成分类型	量词	助词	疑问代词	数词+量词	倒置	补语
散布数	8	8	7	7	7	5

　　当插入类型为助词时，包括动态助词"了、着、过"和结构助词"的"。除了"干杯"外，其余8个词均可插入助词。例如：

（1）昨晚忍着饥饿睡了觉，一夜没睡好。

（2）这算什么，我一路洗着澡回家的！

（3）你可能也见过很多他帮过忙的人，谁他都帮的。（CCL）

（4）生着气发泄出来啊……憋着多难受。

（5）他就没听过话啊……2点之前睡……

（6）毕竟长这么大没在猫身上吃过亏。

（7）两天前我们才见了面。

（8）我今晚吃了惊，就是这么凑巧今晚老肥买来。

---

①　对9个核心离合词来说，某类插入成分出现在几个词中，散布数就是几。

核心离合词中间插入疑问代词"什么"主要表示不满、轻视或否定,口语中也常使用"啥"。丁勇(2002:148)认为,"V+什么+O"的离散形式只表示否定时,重音在"V"上,句调较平缓;但是将重音置于"什么"上以后,整个结构就变为疑问语气了。本文列举出表否定的例子如下。

（9）考试周还睡什么觉。

（10）不年不节的洗什么澡。

（11）你都不喝,干什么杯。

（12）我不辛苦,我都没帮什么忙。

（13）夸你有魅力呢,你生什么气。

（14）这很正常,你吃什么惊啊?(《常用词典》)

（15）你能吃什么亏啊……哈哈。

（16）你能在床上无聊地躺五个小时,起来看电影吧,睡啥觉。

（17）大下午洗啥子澡。

插入"数词+量词"和前后语素倒置的两种情况集中在"睡觉、洗澡、帮忙、生气、听话、见面、吃亏"7个词中。"数词+量词"形式较为常见;倒置除了将离合词的后一语素前置外,前后语素之间常常插入一些成分。例如:

（18）灯还没关,觉也没睡。

（19）我澡也没洗,洗脸也没洗,准备明天早上起来再洗。

（20）帮!这个忙一定帮!

（21）本来住外面就是为了少生点气,钱花了气一点都没有少生。

（22）我妈谁也整不了,除了我,谁的话也不听。

（23）我到现在连蝴蝶的面也没见到。

（24）你硬是一点亏都吃不得哦。

需要说明的是,有8个核心离合词可以单独插入量词,即"睡觉、洗澡、帮忙、生气、吃亏、见面、听话、干杯"。可单独插入的动量词如"次、回"；可单独插入的常见名量词如"个""点"等。例如，"睡个觉、洗个／次澡、帮个／回忙、生个气、吃点／个亏、见个／次面、听句／点话、干个杯"等。

核心离合词插入的补语，可细分为可能补语、结果补语，包括"睡觉、洗澡、帮忙、生气、见面"5个词。例如：

（25）睡完觉不叠被子的感觉也是蛮棒的。

（26）小姑娘会不会吃不下饭，睡不着觉。

（27）正好等你洗完澡。

（28）你来可以，如果说是进来读书的话，基本也帮不上忙，我去回忆青春而已。

（29）看着好可怜，虽然做错了，但是看着真的生不起气。

（30）其实我也在网恋，但是还没见到面，要等我开学才能见到。

通过对语料的统计发现核心离合词以插入某些词类如助词"了、着、过、的"、疑问代词"什么"、量词"个"等作为主要离散形式。以"个"为例，除"听话"插入量词"句、点"外，"睡觉、洗澡、帮忙、生气、吃亏、见面、干杯"7个词都可以单独插入"个"；而插入"数词＋量词"形式的数量短语也比较普遍。之所以插入量词在核心离合词的离散使用中更为普遍，主要是因为相较于其他插入成分类型，量词参与的离散形式口语化非常突出，且结构简单、表意清晰，符合语言交流的经济性原则。在比较复杂的离散形式中，难以找到全部核心词共有的插入类型，离合词前后构成语素自由度的限制和离合词本身意义的整体性都对此起到了一定的制约作用。

根据本文归纳的插入成分类型，核心离合词不只可以插入单个词语，如量词、数词、助词等，还存在不同词类组合作为插入成分的复杂现象，也正是由于后一种情况，9个核心离合词不存在共有离散形式。但是本文经过再次统计发现，量词、助词、疑问代词、补语、倒置、数词＋量词6类插入成分在9个核心离合词中的散布数均在5个及以上；而其他类型插入成分的散布数较低。因此，可以说核心离合词的主要离散形式并不分散和复杂，而是集中于表 7 中的 6 类插入成分形式，其中又以量词和助词为主。

需要指出的是，核心离合词除了单独插入助词、疑问代词、数词、量词等之外，对其也会组合插入，如额外带有助词的插入类型有 22 类，带有数词和量词的插入类型分别为 14 类和 18 类，其中不可避免地存在交叉。

对核心离合词的研究可以推进汉语本体研究，但离合词又是汉语作为第二语言教学的一项重要教学内容。因此，除了从本体角度对核心离合词进行研究外，本文也引入了汉语二语学习者的视角，在对非汉语母语者语料的研究中，尝试分析学习者对核心离合词的使用情况。

四　国际中文教育中的核心离合词

20 世纪 80 年代以来，离合词一直是汉语二语教学中比较突出的问题，但至今仍没有很好的解决方案。在国际中文教育领域，杨庆蕙（1995）最早编写出版了一部离合词工具书——《用法词典》，收录"离合词"4066 个，内含常见词 1738 个，目的是为留学生提供课外学习离合词的参考资料。周上之（2011）、王海峰等（2013）立足于《大纲》也各自编写了离合词词典，提取常用离合词并对其句法功能、插入形式、特殊用法等加以解释。前人为非汉语母语者学习离合词提供了可用的工具书，但是这些工具书缺少量化分析及规律性，也没有给出典型或核心离合词以供学习者学习和模仿。

当下，面向非汉语母语学习者的离合词词典编写和研究一直是学界关注的对象，如上述几部词典，以收录汉语的常用离合词为主，同时提供了注音、释义等内容，最重要的是给出了离散形式及用例，有的附加了句法功能等内容。作为离合词学习工具书，此类词典自有其效用，但由于收词较广、数量较多，因此在对核心离合词与一般离合词的解释上一视同仁，而核心离合词不同于一般离合词，应给予特别关注。

1. 语料选取及整理

我们利用北京语言大学"HSK 动态作文语料库"对 9 个核心离合词逐一检索，考察非汉语母语者学习运用核心离合词的情况，希望为当下国际中文教育中的离合词教学提供参考。

本文利用语料库"高级检索"中的"特定条件检索"模式逐词检索，获取了核心离合词的原始语料。为保障语料统计的效度和准确性，本文采取以下原则对原语料①进行清洗和整理，既有对语料"合用"形式的鉴别，也有对"离用"形式的筛选。

首先，对语料中呈现"合用"的形式进行鉴别。

第一，凡是语料中合用形式被标注为错字（如听 [C] 话、洗澡 [C]）、别字（如睡 [B 垂] 觉、生气 [汽]）、繁体（如帮 [F 幫] 忙）的例句皆保留，因为均为书写形式错误、实际用法正确。

第二，凡是语料中合用形式被标注为错词（如面见 {CC 见面}）、合用形式是改正的词（如帮忙 {CC 帮助}）的例句均删去。前者为当用其他词却误用离合词，后者为当用离合词却误用其他词。

第三，根据语义、语境，剔除了一些形式相同但非离合词用法的语料。如"这才令人生充满生气 [F 氣]"。此处的"生气"表示生命力和活力。

第四，标注为 {CLH} 的合用形式，如"帮忙 {CLH} 我们、帮 {CLH} 忙一下、听话 {CLH} 爷爷、见面 {CLH} 他的女朋友"等，实际为离合词使用偏误，不属于正确语料，可以作为偏误研究的语料。

其次，对语料中呈现"离用"的形式进行鉴别。

第一，凡是语料中离用形式被标注为错字（如见 [C] 了面）、别字（如吃了一惊 [B 谅]）、繁体（如听 [F 聽] 我的话 [F 話]）的例句，都保留下来，它们只是书写形式错误。

第二，标注为 {CLH} 的离用形式，如"帮助人民的忙 {CLH}"等，实际为离合词使用偏误，不是正确用法，也作为偏误研究的语料。

第三，其他一些离用错误的例句，如顺序错误（帮许多 {CJX} 我的忙）、缺少插入成分（帮 [C]{CQ 过} 妈妈的忙）、成分多余（帮帮 {CJcd} 忙）等，也被剔除。

经过语料清洗后，本文得到了 9 个核心离合词在二语学习者语料中的离用、合用情况，如表8。

---

① 语料库中的原语料均自带标注。

表 8　非汉语母语者核心离合词使用的离用、合用情况

单位：条，%

核心离合词	合用例句数	离用例句数	总例句数	离散频率
听话	208	234	442	52.94
帮忙	127	98	225	43.56
吃惊	100	26	126	20.63
洗澡	29	7	36	19.44
吃亏	56	11	67	16.42
见面	266	33	299	11.04
生气	206	22	228	9.65
睡觉	197	21	218	9.63
干杯	0	0	0	0.00

为了进一步比较不同核心离合词的离散情况，本文将其离散频率归纳为图 4。

2. 非汉语母语者核心离合词使用特征

本文结合相关度函数将 BCC、CCL 语料的核心离合词的离散频率分别与 HSK 语料库的离散频率进行相关度计算，发现两个结果的相关度均小于 0.15（见图 5），即母语者和非母语者在离合词的使用上不具备线性相关关系，存在差异。

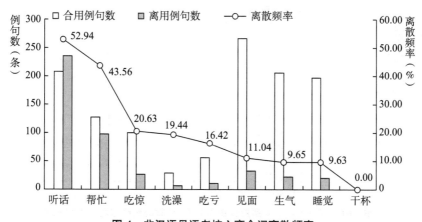

图 4　非汉语母语者核心离合词离散频率

首先，由图 4 可知"听话"一词离散频率居于最高位，即 52.94%，超过了合用频率，与母语者使用情况的差异非常大。从学习偏误角度而言，学习者原始语料中存在将"听话"的两个构成成分看作可以独立运用的自由语素的情况，也即学习者没有真正掌握"听话"在《现汉》（2016）中的第二个义项，即"听从长辈或领导的话，能听从长辈或领导的意志"。但本文将这类错误语料以及其他容易识别错误的语料（如"我听这些话时，我的眼泪流下来。""其实当时我没注意听爸爸的话，但是现在我自己看我的时候我发现自己的样子就是爸爸说的样子。"）剔除后，"听话"一词的离散频率仍然是高于合用频率的。作为唯一一个离散频率较高的核心离合词，本文以为这可能受制于 HSK 语料库的语料，如语料的数量规模、作文的类型范畴等。

其次，我们未发现关于"干杯"的语料，这可能涉及主题选择和文化范畴的考量，不属于本文的研究内容。

鉴于"听话"和"干杯"的特殊情况，我们考虑暂时从语料中将这两个词排除，将包含 9 个离合词的 HSK 语料称为 HSK-1，将剔除"听话"和"干杯"的语料称为 HSK-2。通过计算 BCC、CCL 语料中核心离合词离散频率分别与 HSK-2 语料离散频率的相关性，发现两个计算结果均在 0.3 左右，基本可以认定为不相关，但相比于包含"听话"与"干杯"两词的情况，相关度已经有比较明显的提高（见图 5）。

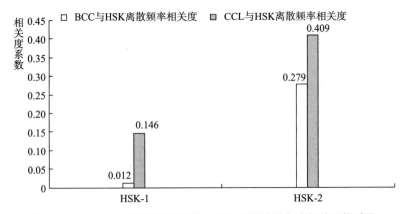

图 5　BCC 和 CCL 语料离散频率与 HSK 语料离散频率相关系数对照

由图 5 可知,"听话"和"干杯"作为特例对离散频率相关度的干扰性较大。尽管前后相关度的变化很明显,但不能得出核心离合词的母语者语料和非母语者语料存在明显相关性的结论,本文以为这与语料的语体有关。据"HSK 动态作文语料库"的介绍,它收集了部分母语为非汉语的外国人参加高等汉语水平考试(HSK 高级)作文考试的答卷,作文语料"背景信息"中的"证书级别"分为 A、B、C 三等,对应了 11、10、9 三个等级,所以收集的语料都来自考试者的书面作文,书面性较强。本文所选 BCC 和 CCL 语料均是口语性较强的语料,与"HSK 动态作文语料库"之间存在口语体和书面体的差别,因此两者相关度不高。鉴于收集二语者口语语料的困难性和复杂性,本文暂未考虑对母语者和非母语者语料的同质性进行规范化。

最后,非汉语母语者在核心离合词的离散使用方面相较于母语者也有不同,主要表现为插入成分的类型较少、使用较为单一、主要集中于少数核心的插入类型上。在对收集到的中介语语料的核心离合词的插入内容进行整理后,我们尝试从插入成分的音节数角度来考察学习者的使用情况。

由图 6、图 7 可知,在 5 种音节类型中,双音节和三音节为学习者使用核心离合词的主要插入内容;四音节数量最少;"五音节及其他"中包含了多种情况,若再细分则内部各类的数量会更少;单音节使用情况尚可,因此可以与双音节和三音节共同作为考察对象。从人类认知和大脑记忆的角度来看,离合词插入成分的音节数也基本与人类的工作记忆和信息处理能力相符,也即人类信息处理的限制虽然是 7 个成分,但是 4 个成分是信息处理时的敏感点,超过这个数量以后,人类对整体结构的理解和处理难度就会增加(Han & Wang,2022)。因此,我们可以看到,等于和超过四音节的插入成分数量很少。除了工作记忆和信息处理能力之外,二语学习者本身作为非汉语母语者不熟悉汉语,也对其学习和掌握长度更长和更复杂的插入成分带来了影响。

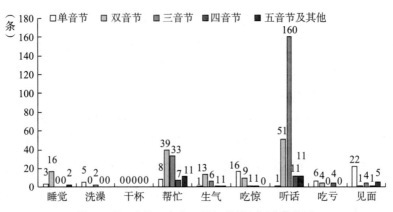

图6 学习者核心离合词插入成分不同音节数量

注：图例"五音节及其他"中，"其他"包含了五音节以上的插入成分、后一语素前置（如"连一点忙也不帮他"）、前一语素重叠（如"亲戚朋友还可以帮帮忙"）等类型。

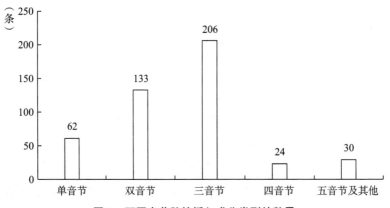

图7 不同音节数的插入成分类型的数量

单纯看音节数量，能够从整体上揭示学习者对核心离合词插入成分的使用情况，但无法透视插入成分的具体类型及内部构成，因此我们主要以单音节、双音节、三音节插入成分为对象，分析核心离合词在三类音节中插入成分的特点。本文根据前文对插入成分的词类划分，对"干杯"之外的8个核心离合词的插入成分及其数量进行了统计，如表9所示。

表9　学习者核心离合词插入成分类型的数量

单位：个

核心离合词	洗澡	听话	吃亏	帮忙	睡觉	见面	生气	吃惊
数量	4	4	5	15	2	7	6	3

可见，学习者在不同核心离合词插入成分类型的数量上存在明显差异，尤其是"帮忙"一词的离散形式最多，这与表6中母语者的插入成分类型数量比较接近。我们将二语学习者8个核心离合词对应的插入成分类型进行归纳后，又进一步统计了插入成分类型的散布数，发现散布数≥4的插入成分类型有以下几类，如表10所示。

表10　二语学习者离合词插入成分类型中散布数≥4的类型

单位：个

插入成分类型	助词	量词	补语	代词＋助词	名词＋助词
散布数	5	4	4	4	4

其中，助词包含"了、过、的"（如见了面、洗过澡、听我的话）；量词包括"个、点"（如洗个澡、吃点亏）；代词集中在单音节（如"你、我、他、她"）、双音节（如"我们、你们、他们"）上；名词则是一些专用称呼语，主要为双音节；补语也以单音节和双音节为主（如洗完澡、见到面、帮得上忙、睡不着觉）。因此，非汉语母语者在核心离合词的离散使用上主要集中于少数插入类型，音节数较少，成分较简单，或是单独以助词、量词来离散使用，或是把简单词类之间组合作为插入成分。这一点从核心离合词"四音节"及"五音节及其他"类型所占比例少上也可得到验证。四音节不仅数量少且集中在"帮忙"和"听话"两词上；五音节及以上的数量仅23例，后一语素前置的例子仅3例（连一点忙也不帮他、觉也睡不着、一觉都还没有睡），前一语素重叠的例子仅4例（"帮帮忙"3例、"见见面"1例）。

学习者在核心离合词使用方面不如母语者的使用丰富，掌握也不够深。

这方面除了插入成分类型上的区别外，语料偏误也说明了学习者的使用能力有待提高。统计发现，除"吃亏"未发现偏误用例外，剩余 7 个核心离合词中有 6 个词出现了"当离用却合用"的偏误。

（31）他在澡堂用自己的手洗澡，就帮我们三个弟兄，以后他的脸上有了满足感。（洗完澡）

（32）可是，现在几乎没有这样的家庭，所以孩子不能了解爷爷的想法，有时候，爷爷到孩子家来住几天的话，孩子不听话爷爷（不听爷爷话）。

（33）我们艰难的时候，她老是帮忙我们（帮我们忙）。

（34）他是为了见面他的女朋友（见他的女朋友面）来到北京。

（35）对我生气了多次（生了很多次气），因为我回家回很晚。

（36）她看看桌子上的菜太吃惊了（大吃一惊）。因为我从来没做过饭，连煎蛋也不会做。那天我第一次做饭。①

同时，存在其他的偏误类型，如：

（37）您们为了我常常担心而睡不觉的事。（成分缺失。睡不着觉）

（38）可我不能在你身边照顾，那时候，我心疼得很，连睡也好不觉了。（顺序错误，未倒置。连觉也睡不好）

（39）她在日本学过两年汉语，所以她帮许多我的忙。（顺序错误。帮我许多的忙）

（40）父母的经验比我们年轻人多，所以我们应该尊重他们，听他们的说话。（语义误解。听他们的话）

本文在 6 个核心离合词中共发现 34 处偏误，"当离用却合用"偏误 16 例，其余偏误类型主要是成分缺失、顺序错误、语义误解等。可见，在核心

---

① "HSK 动态作文语料库"的标注原形为"大吃一惊{CC 太吃惊}{CD 了}"。本文以为原文用法似乎也可，只是表述不完美。

离合词离散使用方面，学习者还存在一定"逃避"心理及未掌握的情况。离合词使用特点在于可离可合，而离散形式正是其发挥语法、语用功能和修辞等语言效果的必需手段，因此引导学习者正确使用离合词离散形式就显得非常重要。然而，因为本文语料偏误实例数量较少，还不具备代表性，所以难以得出学生核心离合词偏误的具体规律情况，有待后续研究。

总之，在国际中文教育中，针对核心离合词的少数主要离散形式，学习者比较易掌握并可以熟练运用；但相对于母语者可以运用复杂的离散形式，学习者对核心离合词的灵活运用还存在较大困难，本文从具体语料中发现，他们所用离散形式类型偏少、结构简单，以单音节、双音节、三音节这类短小的插入成分为主；加之"逃避"心理，学习者的偏误主要集中在"当离用却合用"方面，这是教学中要重点关注的偏误类型。需要指出的是，从不同角度进行归纳所得到的核心离合词应该不限于这9个离合词，但是作为一类精炼而来的核心词，其用法上的代表性有助于学习者掌握和拓展对离合词的使用。离合词教学和研究工作任重道远，还须继续努力探索。

五　结语

文章以9个核心离合词为样例进行研究，经过语料统计和对比分析，发现母语者的核心离合词离散频率均未超过合用频率，当下核心离合词的使用实态以合用为主，受语料特征和汉语发展规律的双重制约。BCC和CCL语料库的离散频率有明显差异，既与语料的语体类型和内容有关，又涉及插入成分的特点。母语者核心离合词的离散形式尽管数量多，但可以被广泛使用的只集中在少数几类简单的插入成分如助词、量词、代词等上。

在国际中文教育中，学习者对核心离合词的运用与母语者有明显差异。考察发现学习者对核心离合词离散形式的运用比较简单且运用能力不高，说明当下对核心离合词及其他离合词的教学仍有很大提升空间，是二语教学中不能轻视的一环，建议从核心离合词入手，把握其主要的离散规律和使用模式，并逐渐扩展、深化，从而提高灵活运用离合词的能力。

本文立足专家语感，从前人研究中直接筛选离合词并在分析时借助了真实语料，呈现离合词的使用实态；另外，此类研究可以扩大核心离合词的选词范围，从而得出更广泛、更具说服力、更典型的研究对象，并在分类的基础上进行层次化研究；同时，增加中介语语料规模并扩大语料范围，增加语体方面的"同质化"程度，从而更加详细揭示学习者离合词使用实态及特征，助力离合词本体研究和国际中文教育。

参考文献

丁勇（2002）《汉语动宾型离合词的语用分析》，《语言研究》第 1 期。

高永安（2009）《边听边记 HSK 离合词》，北京：北京语言大学出版社。

黄晓琴（2003）《离合字组语义研究》，北京师范大学博士学位论文。

刘璇（2013）《现代汉语动宾式离合词的构式—语块理论分析》，四川师范大学硕士学位
　　论文。

陆志韦（1957）《汉语的构词法》，北京：科学出版社。

来自沈家煊"语法理论要与时俱进"（学术讲座），网址：https://www.bilibili.com/video/
　　BV1WL411A7Mp?spm_id_from=333.337.search-card.all.click&vd_source=14177b33082
　　fda7f7f071f2605a3 7eb0，最后访问日期：2024 年 2 月 23 日。

任海波、王刚（2005）《基于语料库的现代汉语离合词形式分析》，《语言科学》第 6 期。

童玲（2013）《普及化等级词汇表中离合词调查研究》，上海师范大学硕士学位论文。

王春霞（2001）《基于语料库的离合词研究》，北京语言大学硕士学位论文。

王海峰（2008）《现代汉语离合词离析形式功能研究》，北京语言大学博士学位论文。

王海峰、薛晶晶、王景璞（2013）《现代汉语离合词学习词典》，北京：北京大学出版社。

王俊（2011）《现代汉语离合词研究》，华中师范大学博士学位论文。

杨庆蕙主编（1995）《现代汉语"离合词"用法词典》，北京：北京师范大学出版社。

中国社会科学院语言研究所词典编辑室（2016）《现代汉语词典》，北京：商务印书馆。

赵淑华、张宝林（1996）《离合词的确定与离合词的性质》，《语言教学与研究》第 1 期。

赵世举（2014）《试论核心词及其类型》，《武汉大学学报》（人文科学版）第 3 期。

周上之主编（2011）《汉语常用离合词用法词典》，北京：北京语言大学出版社。

翟颖华（2012）《核心词研究述评》，《长江学术》第 3 期。

郑泽芝、张远洋（2020）《新时期三音节新词语动态演化特征考察》，《语言文字应用》第 4 期。

Han, X., Wang, H. (2022) "Human Cognitive Constraints on the Separation Frequency and Limit of Separable Words." in Dong, M., Gu, Y., Hong, JF. (eds.) *Chinese Lexical Semantics. CLSW*. Springer, Cham.

Packard, J. L.(2000) *The Morphology of Chinese*[M]. Cambridge: Cambridge University Press.

A Corpus-Based Study of the Usage of Chinese Core Separable Words in the Use of Language

LI Changhao

Abstract: The core separable words are typical words in modern Chinese. Based on previous studies, the article identifies nine core separable words, and uses the BCC corpus, CCL corpus and "HSK dynamic composition corpus"to investigate the usage and learning situation of thr core separable words by native Chinese speakers and non-native Chinese speakers. The study finds that, for native speakers, the core separable words are still mainly not separated, which is the main usage pattern today; in terms of separated usage, the article summarises the different types of core words insertion forms. From the perspective of Chinese as second language learners, by dealing with and analyzing Chinese learners interlanguage corpus,the artical finds that the learners have a weak grasp of separable forms, as shown by the fact that they are mostly simple and short insertion components, learners'ability to use complex discrete forms is also low, and the types of errors are more concentrated, etc. By examining the use of Chinese core separable words by native speakers and Chinese as second language speakers, we can not only reveal the current usage of core separable words, but also help promote ontology research and the ICLE of separable words.

Keywords: core separable words, ctual usage, Separable situation, Insertion components cases, International Chinese language education

作者简介

李长浩，厦门大学中国语言文学系在读博士研究生。研究方向为现代汉语词汇、国际中文教育。[Email：1131020549@qq.com]

国际学生形式动词习得的偏误分析

杭州师范大学人文学院　姜黎黎

杭州市澎汇小学　陈梦琦

提　要　在现代汉语中，常见的形式动词有"进行""作""加以""予以""给以""给予"等。通过问卷调查的形式，本文对国际学生习得现代汉语形式动词的情况进行详细的分析与考察。从 82 份有效问卷中收集了相关语料 2359 条，偏误用例有 1051 条，归纳总结出国际学生习得现代汉语形式动词的偏误类型主要有误加、遗漏、错序、误代以及与形式动词宾语相关的偏误五类。偏误成因主要为母语负迁移、目的语规则泛化、态度策略影响等。针对偏误提出相应的建议：教材编写时，可适当增加形式动词的复现率，完善形式动词的注释；课堂教学时，教师应从形式动词的常用搭配入手，另外，可依据偏误类型设计合适的操练形式，以提升教学与习得效果。

关键词　国际学生；形式动词；习得；偏误分析；教学建议

一　引言

形式动词属于现代汉语动词的一个特殊小类，其特殊性主要体现在它们具备一般动词的某些语法功能，但不表示具体的动作行为意义，这类词只在句法结构中发挥"形式"上的动词的作用，现代汉语常用的形式动词有"进行""加以""予以""给予""给以""作"等。本文采用杨虹（2009）的分类观点，将"进行""作"归为"进程义"类，将"加以""给以""予以""给予"归为"处置义"类。

通过对相关文献的分析，我们发现学者们对形式动词的分类、内部语义、句法特征、句式条件、语用表达等各方面都进行了深入的研究，如袁杰、夏允贻（1984），朱德熙（1985），周刚（1987），刁晏斌（2004），沈家煊、张姜知（2013），高逢亮（2019）等。关于形式动词的国际中文教学研究则较少。虽然形式动词的数量不多，但在书面语中使用频率较高，且形式动词与一般动词有着较大的区别，国际学生在习得形式动词时常出现偏误，因此形式动词对于国际中文教学来说是重难点。

二 研究设计

本研究主要通过线上问卷平台"问卷星"进行问卷的发放与回收，并使用 Excel 和 SPSS 软件进行数据的统计与分析。经统计，本次调查共发放问卷 100 份，收回有效问卷 82 份，问卷回收率为 82%。

（一）问卷设计

问卷的整体设计共包含两个部分：第一部分为国际学生的基本情况，如年龄、性别、母语、汉语水平等；第二部分是对国际学生形式动词习得情况的考察。问卷包括选择题、判断题、连词成句题和改写题四个部分，共 30 题。

（二）研究对象

接受本次问卷调查的 82 位国际学生均通过外语学习社交应用软件"HelloTalk"[①]取得联系。经统计，在非目的语环境下学习的国际学生占 78.31%，在目的语环境下学习的国际学生占 21.69%。他们的年龄集中在 18 ~ 30 岁，母语以英语、泰语、印尼语为主，第二语言为汉语或英语，汉语学习时间为 2 年以上，HSK 等级为中高级，学习目的主要是兴趣或专业需要。

三 国际学生形式动词习得偏误类型

本研究回收的有效问卷共 82 份，每份问卷共有 30 题，理论上应获得

---

① HelloTalk 是 2012 年推出的一款语言类社交软件，是外语学习者和全球语伴无障碍沟通的外语练习平台，全球拥有超 4000 万名用户。

2460 条语料。经筛选，实际获得 1308 条正确语料和 1051 条偏误语料。我们将偏误语料归纳为五种类型：误加、遗漏、错序、误代以及与形式动词宾语相关的偏误。具体统计结果如表 1 所示。

表 1　国际学生形式动词习得偏误类型统计

单位：条，%

偏误类型	偏误数量	偏误率
误加	85	8.09
遗漏	73	6.95
错序	197	18.74
误代	298	28.35
与形式动词宾语相关的偏误	398	37.87

（一）误加

误加是指在句子中本不该出现某成分的地方出现了该成分。

1. 连用形式动词导致赘余

（1）*我们在网络上进行进行沟通。

（2）*我很难进行作选择。

在例（1）中，形式动词"进行"重叠为"进行进行"，实义动词重叠表达的是该动词所承载的动作义的重叠，而形式动词的动作义已经虚化，句子的实际动作义是由形式动词之后的动词宾语来承担的，因此形式动词不具备重叠的能力。在例（2）中，形式动词"进行"和"作"连续使用，造成形式动词的赘余。因此，两句均应删去一个形式动词。

2. 误加动态助词

（3）*他对自己的错误加以着改正。

动态助词"着"一般用在动词后面，表示动作正在进行。但是在例（3）中，"加以"具有非持续性的语义特征，与表示持续态的动态助词"着"互相排斥，应将其删去。

（二）遗漏

国际学生在使用汉语时，只根据汉语的基本表达顺序进行遣词造句，在一些细节上往往会有所遗漏，从而影响句子的表达。

1. 遗漏形式动词

鲁健骥（1994）在分析国际学生的语法偏误时提到"某些意义上比较'虚'的成分易被遗漏"。形式动词的语义较"虚"，在某些句子中删去形式动词后并不影响原句的语义表达，这使得国际学生在习得时产生的形式动词遗漏偏误有所增加，例如：

（4）*老师对学生教育。

（5）*他是一个好人，你应该对他信任。

（6）*小明上课不认真，老师对他批评了。

（7）*我把学过的知识运用。

（8）*我们把会话练习。

形式动词的遗漏在大多数情况下不会导致句意的改变，但是在一些情况下会导致句子的合格性降低，尤其是在形式动词与"把"字句、"对"字句等句式连用时。"把""对""将"等介词引导的句子对谓语存在特殊的限制，如要求谓语动词不可以是光杆的。周刚（1987）认为形式动词和动词组合，满足了"对"字句、"把"字句等句式中动词不能是光杆动词的要求。换言之，在这些句式的光杆动词前加上一个合适的形式动词，能够使得句子成立且不影响原意。例（4）~例（8）分别在"教育""信任""批评""运用""练习"前加上适合的形式动词，句子就完全合格了。

2. 遗漏受事

（9）＊小明上课不认真，老师进行批评。

例（9）是在改写题中出现的错误句子，原句为"小明上课不认真，老师批评了他"，需要国际学生将其改为形式动词句。例（9）虽然没有句法方面的问题，但在语义上缺少了"批评"的受事，属于受事的遗漏，应将句子改为"小明上课不认真，老师对他进行了批评"。

（三）错序

错序是指句子成分在位置、顺序上出现了错误。

1. 形式动词错序

（10）＊我作很难选择。
（11）＊我给予应该对朋友支持。

在例（10）和例（11）中，名动词"选择"和"支持"充当形式动词的宾语，此时它们只受表示数量的词或名词修饰，不受副词修饰（朱德熙，1985）。因此，上述两句应使用形式动词将状语和宾语分隔，正确的表达为"我很难作选择"和"我应该对朋友给予支持"。

2. 介词引导受事成分错序

（12）＊医生予以照顾对病人。
（13）＊我应该给予对朋友支持。
（14）＊把学过的知识我加以运用。

在例（12）中，国际学生错误地将"对"引导的受事成分放在了句末，在例（13）中又将其放在形式动词与宾语之间，在例（14）中，"把"引导的受事成分位于句首。上述均是介词引导受事成分错序的表现。正确的表达应是将介词引导受事成分放在形式动词之前。

3. 多种错序杂糅

（15）＊我们在进行网络上沟通。

（16）＊座位由进行老师安排。

在例（15）和例（16）中，错序的成分不只有一个，该类偏误是由多种错序类型杂糅而成的错序。如例（15）中，状语和形式动词均发生了错序，状语"在网络上"被分割了，形式动词"进行"未与其宾语紧密相连，正确的表达应为"我们在网络上进行沟通"；例（16）中，"由"引导的施事成分的位置被形式动词"进行"所占，而"进行"与其宾语"安排"之间又被其他成分分割了，正确的表达应为"座位由老师进行安排"。

（四）误代

误代主要是指在具体的语境中，错误的或是不合适的形式代替了正确的、合适的形式，而两个形式往往在意义或用法上有相同或相近之处。国际学生由于对两者的差异之处了解不充分，易造成误代的偏误。

1. 形式动词间的误代

（17）＊感谢你的帮助，我才能将计划进行完成。

（18）＊我们要对老人进行尊重。

（19）＊这门课结束后，学生将予以考试。

形式动词有着共同的语义特征，不同类形式动词之间又存在区别的语义特征。上述句子中，国际学生不了解不同类形式动词的语义区别及对宾语的语义选择区别，从而产生了"进程义"类形式动词与"处置义"类形式动词误代的情况。例（17）中，"进行"具有持续义，其后接宾语的语义特征

为 [+ 持续]，句中的"完成"不符合这个条件。而"处置义"类形式动词的宾语不受是否"持续"的制约（杜群尔，2010），因此此句应将"进行"改为"加以"等"处置义"类形式动词。例（18）中，"尊重"是 [+ 心理] 语义特征的动词，周小兵（1987）认为"进行"一般不跟表示心理行为或与心理密切相关的行为的动词组合。此句应将"进行"改为"加以""给予"等"处置义"类形式动词。例（19）中，"考试"为一价动词，而"予以" [+ 要求受事] 的语义特征要求其所接宾语必须为二价动词，两者搭配互相矛盾，因此应将其改为"进行"。

2. 形式动词与一般动词的误代

（20）* 我们要对老人给尊重。
（21）* 老师对我的努力给了肯定。
（22）* 他对我给以意见。
（23）* 操场上正在进行运动会。

例（20）和例（21）中，国际学生均使用实义动词"给"误代了形式动词，应将其修改为形式动词"给以"或"给予"。例（22）和例（23）中，"意见"和"运动会"为纯名词，与形式动词无法搭配，可将"给以"改为实义动词"提出"，"进行"应改为"举行"。

3. 介词误代

（24）* 他是一个好人，你应该将他给予信任。

例（24）的动词宾语为"信任"，是表示心理行为或与心理密切相关的行为意义的动词，此句的介词应使用"对"而不是"将"。这是因为"他"既是"给予"的与事，又是"信任"的感事，这两种角色都需要介词"对"来引介。

（五）与形式动词宾语相关的偏误

结合问卷调查的相关数据，我们能够发现由于形式动词的宾语非常特殊，国际学生对这一语言点的掌握情况并不佳，因此本文将与形式动词宾语相关的偏误单列出来进行分析。

1. 宾语的语义与形式动词不匹配

（25）＊进行聊天

（26）＊进行拥有

（27）＊父母总是对我给以帮忙。

例（25）和例（26）中，"进行"搭配的宾语分别为"聊天"和"拥有"，前者具有日常行为语义特征，而形式动词主要用于书面语，语体较为正式，因此"聊天"不能作为形式动词的宾语；另外，"进行"强调了动作的持续，体现了动作的"动态"，而"拥有"为静止状态的词，两者互相排斥。总之，上述两例偏误的产生都是由国际学生对形式动词的宾语的语义特征掌握不充分引起的。

例（27）是形式动词宾语的价不符合形式动词的要求而产生的错误。"处置义"类形式动词 [+ 要求受事] 的语义特征要求其后接宾语必须为二价动词，而句中的"帮忙"为一价动词，应将其改为二价动词"帮助"，故正确的表达为"父母总是对我给以帮助"。

2. 宾语的音节不符合韵律规则

（28）＊老师将两本书加以比。

朱德熙（1985）认为充任形式动词宾语的只能是表示动作的双音节词。例（28）中单音节宾语"比"应改为双音节词"比较"。

3. 宾语扩展形式的误加

（29）＊老师将两本书加以比较一下。

（30）＊医生对病人予以照顾一下。

形式动词后带宾语的扩展形式是有限的，只有前扩展，没有后扩展，即只可前加定语，不可后带宾语、补语等（陈永莉，2006）。因此例（29）和例（30）中的"一下"均应删去。

4. 受事宾语位置不正确

（31）＊我们应该进行讨论这个问题。

（32）＊老师加以比较这两本书。

（33）＊我们作练习会话。

（34）＊他是一个好人，你应该给予信任他。

（35）＊小明上课不认真，老师予以批评了他。

形式动词的宾语不能后带受事宾语，解决方法一般为使用一些介词，如"将、对、把、给"等合适的介词将受事宾语提至形式动词之前。例（31）~例（35）中，形式动词宾语的受事宾语均跟在形式动词宾语之后，这不符合形式动词句的语法规则，应当使用恰当的介词将受事宾语提至形式动词之前。

5. 宾语的遗漏

（36）＊老师对我的努力给予了。

（37）＊这首歌由他进行。

例（36）和例（37）中均只出现了形式动词，没有出现其他动词充当宾语。形式动词只是在句法结构上起到了"形式"上的动词的作用，而不承担具体的语义内容，真正的动作意义由形式动词的宾语来承担。因此，上述例子均属于形式动词宾语的遗漏，应分别加上动词宾语"肯定"、"演唱"和"信任"。

四　国际学生形式动词习得的偏误成因

（一）母语负迁移

母语负迁移是指第二语言学习者在对目的语认知程度较低的情况下，依赖母语规则来理解目的语。同一母语背景的学习者往往出现同类性质的偏误（刘珣，2008）。

从语法结构上看，汉语形式动词句有一个显著的特征，即形式动词宾语的受事宾语常由介词引导并被提至形式动词之前，如"*我们给予帮助他→我们对他给予帮助"。而在其他一些语言中并没有类似的用法，如：

英语：We　　give　　help　　to　　　him.
词译：我们　　给予　　帮助　（介词）对/向　他
汉语：*我们给予帮助对他。

由此可见，在英语中，介词引导受事宾语部分并没有被提至动词之前，汉英语言的这种差异，使得具有英语母语背景的国际学生易在形式动词句的语序上出现偏误，如例（12）。

从词汇方面看，由于语言系统存在内部差异，国际学生母语中的词汇与汉语词汇并不都是一一对应的关系，可能是"一对二"甚至"一对多"的关系，这就导致了国际学生在进行语码转换时容易产生偏差。首先，汉语中形式动词"予以""给予""给以"和实义动词"给"对应到英语中均为"give"，对应到泰语中均为"ให้"，对应到印尼语中均为"berikan"，对应到韩语中则均为"주기"，这易使国际学生出现误代的偏误。其次，母语词汇与汉语词汇不一一对应也可能引起形式动词宾语的偏误，包括形式动词宾语音节和价的偏误。如单音节动词"比"和双音节动词"比较"在英语里均为"compare"，一价动词"帮忙"和二价动词"帮助"在土库曼语中均为"kömek"等。因此，国际学生容易产生"*老师将两本书加以比"和"*父母总是对我给以帮忙"这样的偏误。

另外，部分语言中有与汉语形式动词相似的词，如英语中的虚化动词、德语中的功能动词以及日语中的机能动词等，这样的相似性使得国际学生产生母语负迁移的可能性在一定程度上有所降低。但是，大部分语言中不存在与汉语形式动词相似的词，因此国际学生在进行语码转换时常将汉语形式动词省略，如：

汉语：我对他加以信任

阿拉伯语：أنا أثق به بهنأثق بە

词译：　　　我　相信　他

这就导致国际学生易出现遗漏形式动词的偏误，如例（4）~例（8）。

从语用方面看，金娜爱（2013）将韩语中和汉语形式动词"进行"相似的词"하다"与"进行"进行比较，发现两者在语用上存在差异，"하다"在政治、科学、文学等各方面都可以被广泛使用，甚至可以与具有日常行为语义特征的词汇搭配使用，如：

韩语：나는 공부를 하다

词译：我　功课　做

汉语形式动词主要应用于书面语，语体较为正式。"进行"等汉语形式动词的宾语的语义特征为[–日常行为]。汉韩形式动词在语用上的这种差异使得部分韩语母语的国际学生会出现"*进行聊天"这样的偏误。

（二）目的语规则泛化

目的语规则泛化是指学习者将其所学的不充分的、优先的目的语的知识不恰当地套用在目的语新的知识上（刘珣，2008）。就形式动词的习得偏误而言，目的语规则泛化主要造成了形式动词的误代。国际学生没有全面认识到不同类形式动词在语义和句法上的区别，他们将自己较为熟悉的形式动词知识套用在其他类型形式动词上，因而造成误代的偏误。在本文的问卷调查中，有90%的国际学生表示学习过"进行"，对"进行"的用法更为熟悉，因此在输出时易将"进行"的知识套用在其他形式动词上，造成误代的偏误，如例（17）~例（18）。

再者，国际学生对目的语知识掌握不全面也会导致误代偏误。国际学生在了解到形式动词属于动词的小类后，易将一般动词的用法套用在形式动词上，导致两者混用。实义动词一般能够带名词性宾语，如"提出意见""举行晚会"。而形式动词的宾语名词性非常弱，国际学生易将一般动词的此类用法套用在形式动词上，例如"*他对我给以意见"。

（三）态度策略影响

学习者在学习语言和运用语言的过程中，为了达到有效学习和顺利交际的目的，会采取各种方法、措施和技巧等，这就体现为学习策略和交际策略（刘珣，2008）。两者均是影响国际学生习得效果的重要因素，消极的策略与偏误的产生有着密切的关系。

由于对形式动词掌握不到位、使用时没有把握，为了避免偏误，国际学生往往会回避使用形式动词。在调查问卷的改错部分，有13%的国际学生在对形式动词的问题用例进行修改时，倾向于将形式动词删去，将原句改为其他非形式动词句。例如将"*父母总是给以我帮助"改成非形式动词句"父母总是给我帮助"。在改写部分，国际学生需要在非形式动词句中加入形式动词，将其改写为形式动词句，有8%的国际学生回避了形式动词的使用，选择保留原句。

另外，国际学生在学习汉语形式动词时经常采用语言转换策略，即使用其母语来代替目的语使用，将母语夹杂在输出的句子中。在本问卷的改错题中，有国际学生将"*我们要进行分类这些书"修改为"我们要将这些书进行+verb"。他们能够判断出原句中的受事位置错误，并使用介词结构将其引到形式动词之前，但是认为"分类"一词也是错误的，应换成其他动词，由于不知道应如何修改，便使用"verb"来代替，这是语言转换策略的体现。

再者，国际学生由于汉语水平、学习目的、学习时长等的不同，在学习汉语的过程中持有的学习态度也会有所不同。在本文的调查研究中，有16%的国际学生认为学习形式动词的重要程度一般，8%的国际学生认为学习形式动词是不重要的。我们使用SPSS软件将国际学生对形式动词的重视程度与习得情况进行相关性分析，结果如图1。

		对形式动词的 重视程度	分数
对形式动词的重视程度	皮尔逊相关性	1	−.226*
	Sig.（双尾）		.041
	个案数	82	82
分数	皮尔逊相关性	−.226*	1
	Sig.（双尾）	.041	
	个案数	82	82

图 1　国际学生对形式动词的重视程度与习得情况的相关性分析

由图 1 可知，显著性（双尾）数据为 0.041，小于 0.05，由此可得两者显著相关。另外，皮尔逊相关性为 −0.226，其绝对值介于 0.20 和 0.40 之间，因此我们可以得出国际学生对形式动词的重视程度与其对形式动词的掌握情况显著负相关。在问卷设计时将数值 1 设定为"非常重视"，将数值 5 设定为"非常不重视"，即从 1 到 5 重视程度递减。国际学生对形式动词越重视，其对形式动词的掌握情况越好。这在一定程度上说明了积极的学习态度能提高国际学生的习得效率，消极的学习态度可能会影响国际学生的习得效率。

五　针对国际学生形式动词的教学建议

（一）教材编写建议

教材是教师教学和学生学习的重要材料，教材的编写应随着社会的发展和教学的进步而不断调整、完善。教材应合理安排形式动词的复现。就形式动词在教材中的复现形式而言，我们认为包含以下几种：课文中出现形式动词；课后练习中有针对形式动词的练习；其他练习题的题干等信息中出现形式动词。比较这三种复现形式发现，前两者对加深国际学生理解有较好的效果，因此国际中文教材应考虑多编排形式动词进入课文或是设置针对形式动词的课后练习。另外，就形式动词内部在教材中的复现而言，应当以其在《国际中文教育中文水平等级标准》中的等级和交际频率为依据。如"予以""给以"在中高级阶段使用更频繁，应在该阶段教材中对其复现率进行提高。同时，同一难度等级的形式动词在同一册教材中应当交替分布，上一难度等级的形式动词应当有所体现，做到新旧串联、难易结合。除此之外，教材在注释时，应当讲求注释的准确性，尽量避免使用单一词汇对多个词进行注释，这不利于国际学生区分不同形式动词的语义，容易造成形式动词之间的误代偏误。由于汉语形式动词的特殊性，我们很难在国际学生母语中找到对应的表达。因此，教材在对形式动词进行注解时，可以考虑通过加入一些固定搭配或是提供例句等方式促进国际学生更好地理解形式动词。

（二）课堂教学建议

课堂教学是教学的基本方式，是教学中尤为重要的一环。我们建议教师在教授形式动词时从学生较熟悉的、共现率较高的搭配入手，这不仅能在一定程度上缓解学生对形式动词的畏难情绪，也能帮助教师的教学由易到难、由简入繁地逐层展开。以"进行"为例，在教学时应考虑以和"进行"最常搭配的几个宾语如"考试""讨论""练习"等为切入点，引导学生总结形式动词后接宾语的语义特征、词性、音节等，再逐步扩展到与其他词搭配的情况。另外，练习对语言的学习尤为重要，不同的语言点要选择适合它的操练形式。我们建议教师首先对学生的偏误进行预设，再结合实际情况设计有针对性的练习。例如针对错序可以设置转述题、连词成句题；针对形式动词宾语的偏误，可以设置连线题、写作题；而针对误代的偏误，则可以设计替换题、选择题。

在教学时，教师应给形式动词配置恰当的语言地位，重视形式动词这一语言点，避免通过简单的讲解和练习将形式动词一带而过。

六 总结

综上所述，本文在前人的研究基础上，通过问卷调查的方式，对国际学生习得形式动词的情况进行了统计与分析，发现国际学生在习得汉语形式动词的过程中出现的偏误主要有误加、遗漏、错序、误代以及与形式动词宾语相关的偏误这五种类型，偏误率从高到低依次为与形式动词宾语相关的偏误＞误代＞错序＞误加＞遗漏。国际学生习得汉语形式动词产生偏误的原因主要有：国际学生母语负迁移、目的语规则泛化以及态度策略的影响。针对以上偏误，本文从教材编写和课堂教学方面提出了教学建议：教材编写时，可适当增加形式动词的复现率，完善形式动词的注释；课堂教学时，教师从形式动词的常用搭配入手，另外，可依据偏误类型设计合适的操练形式，以提升教学与习得效果。

参考文献

陈永莉（2006）《形式动词后带宾语的多角度研究》，《安徽教育学院学报》第 2 期。

刁晏斌（2004）《试论现代汉语形式动词的功能》，《宁夏大学学报》（人文社会科学版）
    第 3 期。

杜群尔（2010）《现代汉语形式动词研究》，上海师范大学硕士学位论文。

高逢亮（2019）《从〈现代汉语八百词〉看形式动词的语法特征》，《湖北理工学院学报》
    （人文社会科学版）第 6 期。

金娜爱（2013）《现代汉语形式动词"进行"句研究》，复旦大学硕士学位论文。

刘珣（2008）《对外汉语教育学引论》，北京：北京语言大学出版社。

鲁健骥（1994）《外国人学汉语的语法偏误分析》，《语言教学与研究》第 1 期。

沈家煊、张姜知（2013）《也谈形式动词的功能》，《华文教学与研究》第 2 期。

杨虹（2009）《现代汉语形式动词研究》，上海师范大学硕士学位论文。

袁杰、夏允贻（1984）《虚义动词纵横谈》，《语言研究》第 4 期。

周刚（1987）《形式动词的次分类》，《汉语学习》第 1 期。

周小兵（1987）《"进行""加以"句型比较》，《汉语学习》第 6 期。

朱德熙（1985）《现代书面汉语里的虚化动词和名动词》，《北京大学学报》（哲学社会科
    学版）第 5 期。

Analysis of International Students'Errors in Acquisition of Dummy Verb

JIANG Lili   CHEN Mengqi

Abstract: In modern Chinese, dummy verbs include "jinxing" "zuo" "jiayi" "jiyu" "geiyi" "yuyi" and so on. An analysis of international students' acquisition of Chinese dummy verbs was conducted by a questionnaire survey. 2359 pieces of relevant corpus and 1051 pieces of error corpus collected from 82 valid questionnaires.We summarized the five types of errors: wrong addition, wrong order, omission, wrong substitution, and errors related to the object of dummy verbs. The main causes of the errors are: negative transfer of native language , generalization, and strategies. Therefore, we give some suggestions: increasing the recurrence of dummy verbs and improve the annotation in the textbooks; The teachers should start from the common collocations of dummy verbs. In addition, appropriate drills can be designed according to the types of errors to improve the teaching and acquisition effects.

Keywords: International students, Dummy verbs, Acquisition, Error analysis, Teaching suggestions

作者简介

姜黎黎，杭州师范大学人文学院副教授，博士。研究方向为中古汉语词汇语法、汉语国际教育、现代汉语语法。[Email：jianglili3322@163.com]

陈梦琦，杭州市澎汇小学语文教师。研究方向为汉语国际教育、现代汉语语法、小学语文教学。[Email：154176177@qq.com]

汉语词汇羡余对二语学习者写作测试的影响

——以"偏义复词""同义复合词"为例

华侨大学华文学院　吕海辉

华侨大学华文教育研究院　付梦芸

提 要　基于 HSK 动态作文语料库 2.0 版，通过定量与定性相结合的分析方式，对汉语二语学习者在写作测试中受到的汉语词汇羡余的影响进行研究。研究结果表明，许多汉语二语学习者在写作测试中会受语言羡余的影响，导致一些词语使用的错误。具体而言，对于具有羡余成分的复合词，汉语二语学习者无法区分词语本身与词语的表义语素。另外，在"表义语素 + 羡余成分""表义语素 + 表义语素"两类复合词中，"表义语素 + 表义语素"构成的复合词对汉语二语学习者的影响更大。基于以上研究结论，本文针对华文教师对汉语二语学习者的写作教学提供了一些建议。

提 要　词汇；羡余；二语习得；写作；语言测试

一　引言

"羡余"（Redundancy）最早由经典信息理论家 Shannon & Weaver（1949）提出，他们将之视为一个数学概念，指的是与信息熵相对的比例。在信息论中，羡余的计算公式被定义为"1-相对熵"（Hsia，1977）。后来这一概念被引入语言学研究中，Hartmann & Stork（1973：292–293）所著的《语言与语言学词典》（*DICTIONARY OF LANGUAGE AND LINGUISTICS*）将羡余定义为"超过传递最少需要量的信息量"。在这里，我们可以简单地将"羡余"理解为表达形式大于语义内容。如"美丽""忘记"这两个双语素词，即使去掉其中的语素"丽"和"记"，仅保留"美"和"忘"，也不影响它们的表义。语言单位的形式超过了传达语义的实际需求，便是一种羡余现象。

羡余是语言的一个普遍特征（Darian，1979），在国外的语言学研究中，对于羡余的研究主要集中于语音、词法层面（Bazzanella，2011）。在我国，也有不少学者对于汉语中的羡余进行了研究。伍铁平指出，羡余现象在英语、德语、俄语、法语等许多语言中都普遍存在，并且他还将羡余视作语言的三大本质特征之一（潘先军，2012：1）。潘先军（2012：11）同样认同羡余是语言的本质特征之一，他认为汉语羡余现象指"汉语中某些词汇成分或句法结构成分只有语言形式没有语义内容或者重复表达意义的现象"，即"语义内容和语言形式的不对称现象，语言形式大于语义内容"，它包括了两个部分：一是语言形式没有语义内容；二是几个语言形式表达同一语义内容。他首次将羡余现象作为一个整体语言现象，对现代汉语在词汇、句法方面的羡余现象进行了综合研究。吴礼权（2020）将羡余定义为"语言活动中语言的表达形式超出语言实表内容需要的现象"，他详细地梳理了我国古今学者对汉语羡余现象研究的历史，并考证了"足句辞""配字"等我国古代学者对羡余的称呼方式，但他仅仅将羡余视为一种修辞手段，并没有将之当作语言的本质特征。

在汉语羡余现象与二语习得的关系上，也有不少的研究成果。有些研究立足于整体层面，对汉语各个层面的羡余现象与二语习得的关系进行了探究，如潘先军（2007a）对留学生的"羡余"偏误进行了分析，但仅停留于理论层面，并没有开展实证研究；王超（2012）从语音、词汇、话语三个层面分析了"羡余"现象在对外汉语教学中的影响，该研究同样缺乏实证研究的支持。亦有相当数量的研究仅仅立足某一具体而微的羡余现象，通过实证研究的方式对羡余在二语习得方面产生的影响进行探究，如黄梦媛（2019）、杨安琪（2020）、戴西秀（2021）、TASUTHA PHAKWALAN（2021）等对汉语羡余否定结构对二语学习者的影响进行了研究，闫玲玲（2020）对羡余成语的对外汉语教学进行了研究。

相关研究尽管数量可观，但是仍存在以下问题。

一是"羡余"的范围界定不一。尽管各个学者对于"羡余"的定义都参考了前人的研究，但对于一些现象是否该界定为"羡余"有待商榷。如有学者认为"半斤八两""蛛丝马迹"是一种羡余，但这是否是一种范围的扩大，即认为所有的同义并列式构词都应该认定为羡余？这些成语若是去除所谓的"羡余部分"变成"半斤""蛛丝"，则不能传达原词的语义，这与羡余的定义"语言形式大于语义内容"显然冲突，因为形式部分缺失导致了语义的变化。另外在有些学者对于羡余的举例中，列举的是"语义的重复"这一种情况，这显然让人无法区分"同义反复"和"羡余"，虽然有一部分语义重复现象属于羡余，但两者并不相等。汉语中究竟哪些现象属于羡余，学界并没有达成共识，这也导致了不同学者在进行实证研究时选取词语的标准不同。

二是尽管许多学者采取了实证研究的方式，但是这些研究多局限于对某一留学生群体发放问卷，并没有立足于语料库，没有对多国的汉语二语学习者进行研究。

鉴于以上两点，本文并不对汉语中所有的羡余现象进行穷举，仅考察词汇层面最为典型的两类词（偏义复词与同义复合词）在 HSK 语料库中的使用情况，以期了解各国二语学习者所受到的词汇羡余的影响。潘先军（2007b）将偏义复词划归为偏义型单向羡余，而将同义复合词划归为等列型双向羡余，两类词的界定争议相对较小，划分相对较易。

词汇是语言的重要组成部分，它是语言的建筑材料，是语音、语义、语法的承载者和交汇点（张旺熹，2019：1）。双音节词对二语学习者十分重要，在《（汉语水平）词汇等级大纲》的 8822 个词汇中，双音节词占比高达 72.5%（邢红兵，2006）。然而，关于羡余对汉语学习者词汇使用的影响的研究相对缺乏。语言的羡余似乎并不符合齐普夫（Zipf，1949）提出的"最小省力原则"，它是否会对汉语学习者的汉语词汇运用产生影响？若产生影响，不同的羡余现象对汉语学习者词汇运用的影响又有怎样的差异？本文力图解答这两个问题，从而为中文写作课程的教学提供一些可行性建议。

二　研究方法

本文主要采用定量分析的方式，先分别明确"偏义复词""同义复合词"的定义，再对 HSK 语料库中汉语学习者对两类词的使用情况进行研究，一方面对汉语学习者对两类词的误用率进行统计分析，另一方面对汉语学习者不能正确使用这两类词的原因进行统计分析。

"偏义复词"这一术语，由黎锦熙先生在《国语中复合词的歧义和偏义》一文中最早提出并使用，黎锦熙先生将之定义为"复合词中之并行词，有偏用其一字之义，而他字则连举而不为义者"（杜纯梓、舟人，2004）。余冠英（2012：27~33）指出偏义复词是古文中一种常见复词，是指一种由两个词构成的复合词，在句中被使用时偏用其中一个的意义。王力（1999：89~90）对古代汉语中"偏义复词"下的定义为"这种复音词是用两个单音的近义词或反义词作为词素组成的；其中一个词素的本来意义成为这个复音词的意义，另一个词素只是作为陪衬"。道尔吉（2004）指出，"临时性"是古代汉语中偏义复词的主要特征之一，即有一些偏义复词的两个语素结合并不稳定，这类偏义复词的陪衬语素只有在特定的语言环境中才能显露，一旦脱离特定的语言环境，其临时性便会消失。因此，本文在王力先生所作定义的基础上，对现代汉语的"偏义复词"的范围进行进一步限定：在现代汉语中并不常用，如"园圃"不纳入考虑范围；整词意义稳定，不需要完全依赖语境理解，如"兄弟""多少"等词，尽管有些学者认为也属于偏义复词，但本文认为它们在不同语境中偏指的语素并不相同，故不纳入考虑范围；偏指的语素固定，且易于识别，如"忘记"一词，无论何时人们都可识别其偏指语素为"忘"，而不会担心其在某种语境下被识别为"记"；两个语素结合紧密，之间不能插入别的句法成分。

本文所研究的"同义复合词"与古代汉语研究中"同义复词"有着一定的联系，但它们并不是彼此相等的概念。郭在贻（1986：19）认为，"同义复词"是对多个字的复用，其中两个字的复用最为常见，它属于复文的一种，是古代汉语中一种普遍而特别重要的修辞现象。本文所指"同义复合词"即在现代汉语中继承于古代汉语中"同义复词"，且今天结构已得到稳定的双音节词。它属于黄伯荣、廖序东（2002：258）所划分出的联合型复合式合成词的一种，黄伯荣、廖序东对联合型复合式合成词的定义为"由两个意义相同、相近、相关或相反的词根并列组合而成，又叫并列式。"本文所指的"同义复合词"即其中的"由两个意义相同、相近"的词根构成的词语，两个词根之间为并列关系。

在明确偏义复词、同义复合词的定义后，参考前人给出的偏义复词的例子（如杜纯梓、舟人，2004；邢福义、汪国胜，2011：130）及同义复合词的例子（如陈宏，2008；周掌胜，2016；陈书悦、周掌胜，2018），分别甄选出若干个两类词。根据前人大量的研究，词语的复现频率会对汉语学习者的词汇学习产生影响（Sergent & Everson，1992；柳燕梅，2002；江新，2005），为尽量减少频率效应的影响，本文对两类词进行一次复选。复选的词语尽量满足以下两个条件：一是出现在《高等院校外国留学生汉语教学大纲》《汉语水平考试词汇与汉字等级大纲》中，以保证汉语学习者都有较大可能性接触过这些词汇；二是在 CCL 语料库、BCC 语料库、HSK 语料库中出现频次均处于较高水平，以尽可能保证母语者、汉语学习者对所选词都有较高的接触频率，避免某几个词被接触频率极高，而某几个词被接触频率极低。在排除一些 HSK 语料库中使用频率过低的词语（样本容量在 HSK 语料库中远低于 50 的词语如"窗户""灯火"等）后，最终得到偏义复词共 20 个、同义复合词 14 个。

并且，为尽可能保证汉字笔画数不会对偏义复词、同义复合词两组词的数据产生显著影响，本文使用软件 IBM SPSS Statistics 26 对两组词语的笔画数进行独立样本 t 检验，验证结果表明，两组词语之间的笔画数在统计学上不存在显著性差异（$P=0.665>0.05$）。

在确定好偏义复词与同义复合词两组词语后，再在 HSK 语料库中对所选 34 个词进行逐词的字符串检索，为避免计算机匹配字符串造成的误差（如对偏义复词"教学"进行检索，"教学生"这一短语也会包含在检索结果中），人工逐一对每条语料进行筛选，根据所有筛选出的语料进行数据分析。本文语料来自北京语言大学汉语国际教育研究院 HSK 动态作文语料库 2.0 版（以下简称"HSK 语料库"），下文凡不注明出处的例句，均来自 HSK 语料库。

三 羡余对汉语学习者写作产生的影响

本小节对所选的每个词语在 HSK 语料库中与之相关的误用情况进行描

述性分析，以便于探寻汉语学习者在中文写作中误用这些词语的原因。特别指出，本文所指的某一词语的"误用"，包含了以下两个方面：一是在本该使用该词的句子中，没有使用该词；二是在本该使用其他词语的句子中，使用了该词。以出现了同义复合词"语言"的语料为例（括号内为正确使用的词语）。例如：

（1）因汉语是中国人的共同沟通的言语（语言）。

（2）她对我们兄弟姊妹鼓励学音乐和语言（外语）。

例句（1）即第一种情况的"误用"；而例句（2）则属于第二种情况的误用。另外，本文仅考虑词语使用的正误，下列情况本文不计入词语的"误用"。

（3）对（在）教学方面，在课堂上对（给）学生有益的教导，给于（给予）学（学生）有利（有力的）指导，在阅读时我们就能选择要效（有效）的阅读方法。

（4）现在我们社会在物质方面比以前丰福（丰富）多了。

例句（3）中尽管存在明显的句法错误，但对于偏义复词"教学"运用没有错误，故不计入；例句（4）中同义复合词"丰富"的"富"是一个别字，但是词语仍可识别，属于汉字拼写错误，而非用词错误，也不计入。

表 1　两组词语误用原因统计

	表义语素、整词混用	语素顺序颠倒	与含表义语素的同近义词混用	其他
偏义复词	18.39%	9.19%	41.70%	30.72%
同义复合词	31.93%	0.00%	30.72%	37.35%

注：此表中的百分比 = 某一原因造成词语误用的句子总数 / 存在词语误用的句子总数 ×100%。一些同义复合词的误用，如在本该使用"相互"的句子中使用了"互相"，并没有计入"语素顺序颠倒"一项中，因为"相互"与"互相"两个词语在一些语句中可以视为同义词，因而计入了"与含表义语素的同近义词混用"一项中。

经统计分析，所得结果如表 1 所示。从表 1 我们不难看出，"与含表义语素的同近义词混用""表义语素、整词混用"是汉语学习者在中文写作中用词错误的重要原因。以偏义复词中出现"表义语素、整词混用"情况的句子为例。例如：

（5）……在父亲的眼中我比哥哥姐姐来得聪明一点，因此对我的呵护备深，从小小的年纪开始便时常教学（教）我读书识字……

（6）她平时不仅在学校讲究健康，在家庭（家）也讲究健康。

（7）我很感动她家庭人（家人）都对奶奶很好。

（8）可是因为爱情没（没有）很清楚的定义，所以这个问题今天还存在。

（9）于是三个和尚的关系越来越紧（紧张），一个人都没有去山下抬水，庙里的水已经都没有了。

（10）我永远不会忘（忘记）他。

我们可以发现，除了会在原本需要使用整词的时候使用偏义语素，以及原本需要使用偏义语素的时候使用整词两种情况以外，汉语学习者很难分清偏义复词整词和偏义复词的偏义语素。还出现了把整词当作偏义语素去构成其他复合词的情况，如例句（7）中应该使用的"家人"一词，汉语学习者由于不理解"家庭"与偏义语素"家"之间的区别与联系，把"家庭"这一整词作为语素构造出了"家庭人"这一在现代汉语中并不合法的词语。这一用法并不是个例，在对"家庭"一词的误用中，"家庭人"这一用法约占了 11.1%。

可见，羡余现象确实会对汉语学习者的词语使用造成较大的影响，表义的语素与整词的混淆便是重要体现。

四　不同羡余类型影响的差异

对独立样本 T 检验可知，汉语学习者对偏义复词和同义复合词的误用率在统计学上存在显著的差异，具体检验结果如表 2 所示。具体来说，同义复合词的平均误用率为 7.85%，而偏义复词的误用率为 4.13%，同义复合词的误用率显著高于偏义复词。本文认为原因如下。

表 2　偏义复词、同义复合词误用率差异检验结果

分组	个案数	平均误用率	*Sig.*（双尾）
同义复合词	14 个	7.85%	0.011*
偏义复词	20 个	4.13%	

* 代表 *P* 值 <0.05，** 代表 *P* 值 <0.01，*** 代表 *P* 值 <0.001。

一是同义复合词有更多表义语素，对汉语学习者造成的干扰更大。

从表 1 中我们可知，表义语素、整词混用造成偏义复词使用错误的比例为 18.39%，而该原因造成同义复合词使用错误的比例高达 31.93%。从百分比来看，偏义复词的词语误用主要由"与含表义语素的同近义词混用"造成。本文认为，这一数据的差异不是巧合，而是因为在偏义复词的两个语素中，仅有一个语素表义，因此在汉语学习者分辨整词与表义语素时，产生干扰的语素只有一个；而同义复合词两个语素都起着几乎同样重要的表义作用，因此在汉语学习者分辨整词与表义语素时，产生干扰的语素有两个。

以同义复合词中出现"表义语素、整词混用"情况的句子为例。例如：

（11）分班的制度岂不是更加（增加）学生们的好奇心吗？

（12）……现在为了加（增加）一点产量而用化肥和农药，这是不对的……

（13）吸烟的女人也增加多（增多）了。

（14）我真感谢你们两位许（允许）我去台湾学汉语。

（15）因为不允（允许）吸烟的地方越来越多。

（16）韩国是春天了吧，我好想（想念）我国的春天的天气，但是，你们应该注意别感冒。

（17）那时，她给我打电话说："一年多没有跟你来往了，我挺念着（想念）你的。"

　　如例句（11）（12）（13）所示，有许多汉语学习者无法区分"增加"一词与语素"加"的区别，不仅有学习者误把"加"当作了整词"增加"，在需要使用整词"增加"的句子中，误用为"加"字；而且也有汉语学习者把"增加"这一整词当作语素"加"，构成了不合法的词语"增加多"。这两类现象在汉语学习者对偏义复词"家庭"的误用中也有所体现，他们无法正确区分整词和偏义语素，故多个汉语学习者构造出了词语"家庭人"。而在例句（14）（15）中可以看出，"允许"一词不仅会与表义语素"允"混淆，也会与表义语素"许"混淆；在例句（16）（17）中则可以看出，"想念"一词不仅会与表义语素"想"混淆，也会与表义语素"念"混淆。

　　二是汉语学习者将同义复合词与它们的同近义词混用的概率更大。

　　汉语学习者往往会在句子需要使用某一偏义复词时误用含该偏义复词偏义语素的同义词或近义词，这种情况造成的误用占总误用的41.70%；而误用为完全不含该偏义复词两个语素的同义词或近义词的概率相对较小，占总误用的30.72%，本文所选取的14个偏义复词中，尚未发现有汉语学习者误用含该偏义复词的非表义语素的同义词或近义词。

　　而在汉语学习者需要在句子中使用某一同义复合词时，由于表义的语素有两个，误用为含该词的表义语素的同义词或近义词的概率也增加了。以同义复合词中出现"与含表义语素的同近义词混用"情况为例。例如：

　　（18）在社会里，亦容易这看出（看见）这种人。
　　（19）只要坐飞机三至四小时，就到达汉城。可以遇见（看见）家人。

　　从例句（18）（19）中，我们可以看出，在本应该使用"看见"一词的两个句子中，"看见"分别被误用为"看出""遇见"这两个分别含有"看"和"见"两个语素的词语。

　　三是同义复合词的词性较为复杂。

　　如同义复合词"标准"，既可以作为名词使用，也可以作为形容词使用；同义复合词"丰富"亦不止一个词性，既可作为动词使用，也可作为形容词使用；而同义复合词"计划"既可以作为名词也可以作为动词；同义复合词

"改变"既可以作为名词也可以作为动词。实际上，有相当一部分的同义复合词具有多个词性，仅在檀晶晶（2008）根据《高等院校外国留学生汉语教学大纲》（词汇部分）统计出来的140个具有名词词性的同义复合词中，便有数十个词语兼具其他词性，如"保护"（可做动词）、"把握"（可做动词）、"补贴"（可做动词）、"调查"（可做动词）、"发现"（可做动词）、"根据"（可做介词、动词）。

一个同义复合词兼具多个词性无疑给汉语学习者的使用增添了难度。这一点从例（20）中可以体现。

（20）农民为了增加收获（产量）而进行（使用）了农药。

"收获"一词可以做动词，也可以做名词。在《现代汉语词典（第7版）》（中国社会科学院语言研究所词典编辑室，2016：1200）中，"收获"做动词时指"取得成熟的农作物"，而它做名词时指"心得、战果等"。例句（20）出自一篇得分为85分的作文，作者的汉语写作水平较为良好，但是她仍无法正确使用作为名词的"收获"。究其原因，作为动词的"收获"与"农作物"相关，而作为名词的"收获"并不指代"农作物"，这给汉语学习者使用该词语增加了难度。

四是一些同义复合词会受同语素词的影响。

一些同义复合词的语素顺序调换后会形成意义不相同但意义存在一定关联的词语，如"相互"与"互相"、"生产"和"产生"、"和平"与"平和"、"语言"与"言语"等。这些由相同的语素构成的词语也对汉语学习者的词语使用产生了影响，这点从以下例句中得以体现。例如：

（21）然后我们努力要了解互相（相互）的心情。

（22）第一，无论怎么样，进入大学或者进入社会活动，男的女的都相互（互相）不能不面对。

（23）第二是流行歌曲对学习外语的人很有帮助，就是言语（语言）学习。

（24）然后从书籍的目录着手，找到合适（适合）自己的文章。

（25）我认为这样的措施是现代社会很适合（合适）的措施。

对于"相互"与"互相"、"语言"与"言语"、"适合"与"合适"三组词语内部的差异，即使是母语者很多时候也难以准确说清。以"相互"和"互相"为例，《现代汉语词典（第7版）》对"互相"的解释是"（副词）表示彼此同样对待的关系"，而对"相互"的解释是"（副词）互相；（形容词）属性词。两相对待的"，这意味当"相互"一词作为副词使用时，与"互相"一词起着完全相同的作用，但"相互"比"互相"多了一个可作为形容词的义项。汉语学习者若是想在中文写作过程中分清楚"相互"与"互相"的正确使用方式，还须对汉语的词性有一定程度的了解，这个难度无疑是较大的。而至于"语言"与"言语"两词的差别，在汉语母语者中，如果不是语言学相关专业的人员，恐怕一时也难以说清。在同义复合词中这些构成语素相同、意义上又有联系的词语，无疑为汉语学习者对同义复合词的识别与使用增加了难度。"合适"与"适合"两个词语均表示"符合实际情况或客观要求"，两者的区别仅在于词性。"合适"是形容词，而"适合"是动词。例句（24）出自一篇得分为90的作文，作者国籍为印度尼西亚。例句（25）出自一篇得分为60的作文，作者国籍为韩国。这说明无论学习者的汉语写作水平高还是低，都较难准确区分"合适"与"适合"两个词。在韩语与印度尼西亚语中，词性转换往往需要借助词缀。像这样通过交换语素位置而改变词性的现象，对于韩国与印度尼西亚的汉语学习者而言，对此是不易理解的。

五　相关建议

首先是在教学中加强对羡余的认识。

在《现代汉语词典（第7版）》中，对于词语层面羡余的重视程度不够，如"忘"字的解释为"（动词）忘记"；对"妻"字的解释为"妻子"；对"家"的解释为"（名词）家庭、人家"。这样的释义并不能让人很好地认识词语与词语的表义语素之间的联系与区别，因此教师需要详细耐心地解释为何有时不直接用表义语素，而是选择存在羡余现象的复合词。

应当让学生意识到，羡余对于每一门语言都有重要的作用，因此在写作测试中不能忽视。尽管乍看之下，语言中的羡余有悖语言的经济原则，说话者本应该用更少的音节或文字传达自己的信息，但是应该认识到，人际间的交往并不是只考虑说话者的经济性，在听话者的角度上，听话人希望更容易地确定自己接收的信息。说话者要想成功地传达信息，则必须在语言经济性和交际效率之间取得平衡，而这种平衡主要是通过最佳程度的羡余实现的（Darian，1979）。此外，羡余减少了错误、歧义和误解，它能大大减少母语者、二语学习者在交际中的理解错误。在教学中，教师可以采用对比法让学生意识到羡余的重要性，如列出以下句子。

> 我的妻真美。
> 我的妻子真美。

"我的妻真美"在谈话中有可能被误解为"我的漆真美"，而羡余避免了这种误解。二语学习者通过朗读可以直观明确感受到，汉语同音同调的汉字数量多，而通过羡余增加音节有利于避免同音同调字的干扰，保障了交际信息的准确性，为语言使用带来了便利。有了这种意识，二语学习者在写作测试中才会有意识地区分由"表义语素＋表义语素"构成的词与由"表义语素＋羡余成分"构成的词。

其次是正确认识羡余与语义透明度的关系。

前人有关语义透明度的大量研究表明，语义透明度越高的词语，汉语学习者越容易习得（洪炜、冯聪、郑在佑，2017；宋贝贝、王意颖，2020；吴瑾、张北镇，2021）。根据李晋霞、李宇明（2008）的研究，汉语词语的语义透明度可以分为"完全透明""比较透明""比较隐晦""完全隐晦"四个等级，而偏义复词"也属于词义比较隐晦的范畴，如'国家、窗户'"。相对而言，由常见的语素构成的同义复合词，往往属于"词的整体义基本上等于部分义之和"或"整体义不等于部分义之和，词的意义不能从字面上直接得出，但部分义像是整体义的'示意图'，指引着对词义的理解"，即属于

"完全透明"或"比较透明"的词语。

　　尽管语义透明度高的词语更易于汉语学习者在阅读时猜测词义，但是同义并列类型的羡余，在写作测试时反而可能带来更大的困难。如本文的研究表明，同义复合词的误用率与偏义复词的误用率在统计学上具有显著的差异，同义复合词的误用率明显高于偏义复词的误用率。因此，不能因为同义复合词对于汉语学习者而言更容易猜测词义，而认为同义复合词的使用方式对于汉语学习者而言也是容易的，同义并列型羡余对写作的影响应当引起重视。

　　最后是要注意到同义并列型词语语素顺序的问题。

　　白兆麟先生指出，在古代汉语，尤其是上古汉语中，名词、形容词、动词之间的界限是相当模糊的，可谓"兼类较多，活用频繁，变动不居"（张媛媛，2018：151）。这一点在现代汉语词汇中同样有所体现，同义复合词中存在大量具有多种词性的词语，这对汉语学习者而言，使用起来是有难度的，因此教师应该帮助学生去理解这些词作为不同词类使用时需要注意的问题。另外，许多同义复合词在语素顺序调换后，会成为与该词意义存在联系的另一个词，如"语言"与"言语"、"相互"与"互相"、"合适"与"适合"。如何去理解这些构词语素相同的词语之间意义上的细微差别，在写作中应该分别注意哪些要点，也是在中文写作课中教师应当关注的问题。

参考文献

陈宏（2008）《现代汉语同义并列复合词语义语用分析》，《天津大学学报》（社会科学版）第 4 期。

陈书悦、周掌胜（2018）《同义复词研究与成语词典的释义修订》，《宁夏大学学报》（人文社会科学版）第 5 期。

戴西秀（2021）《对外汉语视域下的"一会儿"与"不一会儿"的偏误分析及教学策略》，南昌大学硕士学位论文。

道尔吉（2004）《论古汉语的偏义复词》，《内蒙古大学学报》（人文社会科学版）第 6 期。

杜纯梓、舟人（2004）《论"偏义复词"》，《古汉语研究》第 3 期。

郭在贻（1986）《训诂学》，长沙：湖南人民出版社。

洪炜、冯聪、郑在佑（2017）《语义透明度、语境强度及词汇复现频率对汉语二语词汇习得的影响》，《现代外语》第 4 期。

黄伯荣、廖序东（2002）《现代汉语》（第三版），北京：高等教育出版社。

黄梦媛（2019）《对外汉语教学视角下的汉法羡余否定研究》，上海外国语大学硕士学位
论文。

江新（2005）《词的复现率和字的复现率对非汉字圈学生双字词学习的影响》，《世界汉语
教学》第 4 期。

李晋霞、李宇明（2008）《论词义的透明度》，《语言研究》第 3 期。

柳燕梅（2002）《生词重现率对欧美学生汉语词汇学习的影响》，《语言教学与研究》第
5 期。

潘先军（2007a）《汉语羡余现象与留学生的"羡余"偏误》，《云南师范大学学报》（对外
汉语教学与研究版）第 5 期。

潘先军（2007b）《汉语双音词羡余现象分析》，《内蒙古大学学报》（人文社会科学版）第
6 期。

潘先军（2012）《现代汉语羡余现象研究》，北京：北京语言大学出版社。

宋贝贝、王意颖（2020）《不同语义透明度合成词的词义猜测研究》，《汉语学习》第 1 期。

檀晶晶（2008）《面向对外汉语教学的现代汉语同义复合词研究》，黑龙江大学硕士学位论文。

王超（2012）《"羡余"现象在对外汉语教学中的影响》，黑龙江大学硕士学位论文。

王力（1999）《古代汉语 第一册》（校订重排本），北京：中华书局。

吴瑾、张北镇（2021）《语义透明度对汉语母语和二语复合词加工的影响》，《江西师范大
学学报》（哲学社会科学版）第 3 期。

吴礼权（2020）《汉语"羡余"现象的本质及其修辞功能》，《江苏师范大学学报》（哲学
社会科学版）第 1 期。

邢福义、汪国胜（2011）《现代汉语》，武汉：华中师范大学出版社。

邢红兵（2006）《〈（汉语水平）词汇等级大纲〉双音合成词语素统计分析》，《世界汉语教
学》第 3 期。

闫玲玲（2020）《羡余成语的对外汉语教学研究》，兰州大学硕士学位论文。

杨安琪（2020）《留学生羡余否定构式习得偏误及教学对策》，吉林师范大学硕士学位论文。

余冠英（2012）《汉魏六朝诗论丛》，北京：商务印书馆。

张旺熹（2019）《汉语作为第二语言教学的词汇与词汇教学研究》，北京：商务印书馆。

张媛媛（2018）《现代汉语诗歌"陌生化"的语言实现》，北京：外语教学与研究出版社。

中国社会科学院语言研究所词典编辑室（2016）《现代汉语词典》（第 7 版），北京：商务印书馆。

周掌胜（2016）《〈现代汉语词典〉收释同义复词存在的问题》，《杭州师范大学学报》（社会科学版）第 5 期。

Darian, S. (1979) "The role of redundancy in language and language teaching." *System*, 7(1).

Bazzanella, C. (2011) "Redundancy, repetition, and intensity in discourse." *Language sciences*, 33(2).

Hartmann,R.R.K. & Stork,F.C.（1981）《语言与语言学词典》，黄长著、林书武等译，上海：上海辞书出版社。

Hsia, H. J. (1977) "Redundancy: Is it the lost key to better communication?" *AV communication review*, 25(1).

Sergent, W.K. & Everson, M.E.(1992) "The effects of frequency and density on character recognition speed and accuracy by elementary and advanced L2 readers of Chinese." *Journal of the Chinese Language Teachers Association* 27.

Shannon, C. E. & Weaver, W. (1949) *The Mathematical Theory of Communication*. Urbana: University of Illinois Press.

TASUTHA PHAKWALAN（2021）《泰国学生习得汉语羡余否定的偏误分析及教学建议》，上海外国语大学硕士学位论文。

Zipf, G. K. (1949) *Human Behavior and the Principle of Least Effort: An Introduction to Human Ecology*. Cambridge: Mass Addison–Wesley Press, INC.

The Influence of Chinese Lexical Redundancy on Second Language Learners' Writing Test

—Taking " Partial Compound Words " and " Synonymous Compound Words " as Examples

LYU Haihui　FU Mengyun

Abstract: Based on the HSK corpus, this paper studies the influence of

Chinese vocabulary redundancy on second language learners in writing test by combining quantitative and qualitative analysis. The results show that many second language learners are affected by language redundancy in writing tests, resulting in errors in the use of some words. Specifically for compound words with redundant components, second language learners cannot distinguish the word itself from the semantic morpheme of the word.In addition, in the two types of compound words of semantic morpheme + redundant component and semantic morpheme + semantic morpheme, the compound words composed of semantic morpheme + semantic morpheme have a greater impact on second language learners. Based on the above research conclusions, this paper provides some suggestions for Chinese language and Chinese culture teachers to teach Chinese second language learners' writing test.

Keywords: Vocabulary, Redundancy, Second language acquisition, Writing, Language test

作者简介

吕海辉，华侨大学华文学院硕士研究生。研究方向为海外华文教育。[Email：qzyxyangyuhui@foxmail.com]

付梦芸，华侨大学华文教育研究院讲师，博士。研究方向为海外华文教育。[Email：jjfumengyun@126.com]

韩国 CSL 学习者同素同义单双音节动词
混淆分布特征研究*

鲁东大学文学院　吴鈃琰

山东政法学院　胡晓清

提　要　基于韩国中介语语料库，本文提取了韩国汉语学习者同素同义单双音节动词（一等三级32组）464条彼此混淆的偏误用例，多维分析了同素同义单双音节动词之间混淆的分布特征。调查发现：本体角度与二语习得角度的差异具有相关性；一等三个等级词汇在混淆频次、误用方向、词际关系、混淆等级角度存在差异；单双音节动词在词语搭配、句法功能、音节韵律和语体色彩等方面存在差异。

关键词　韩国汉语学习者；同素同义单双音节动词；易混淆词

一　引言

在韩国中介语语料库[①]中存在以下词语误用情况。【】中为误用词语。

（1）在那里有很多饿死的孩子，去帮【帮忙】这样的孩子的话，才算得上体会到孩子们很痛苦的日子。（一级词汇）

（2）我们公司困难的时候他帮助【帮】我们了。（一级词汇）

（3）从那天起，我决定改变【改】我的坏习惯。（二级词汇）

---

*　基金项目：本研究是国家社科基金项目"多维参照的国别化汉语中介语动态语料库库群构建与研究"（项目编号：16BYY108）的阶段性成果。

①　本文研究所用语料均来源于胡晓清教授的韩国中介语语料库，从74万字的笔语语料（其中初级20万字、中级20万字、高级34万字）中，本文分别将一等三级的32组同素同义单双音节动词（一级14组、二级9组、三级9组）作为关键词进行检索，逐词提取，结果以语段形式进行呈现。

（4）我们越来越依靠手机，而且手机把我们的生活也改变【变】了。（二级词汇）

（5）他们好像操练者的话都明白似的，表演【演】了很精彩的节目。（三级词汇）

（6）他演【表演】的电影中，我最喜欢的是《霸王别姬》。（三级词汇）

"帮—帮忙""帮—帮助""变—改变"等成对的动词含有相同语素，且均有一个相同义项，本文称之为同素同义单双音节动词（以下简称"同 V$_{单双}$"）。汉语作为第二语言（以下简称 CSL）的韩国学习者对此时常混淆，应当用单音节动词时却误用双音节动词，应当用双音节动词时却误用单音节动词。

以往学界对同 V$_{单双}$ 的研究多集中在汉语本体研究层面，冯胜利（2000）则从韵律与句法之间的关系出发，分析了2+1式和1+2式不好的原因。程娟、许晓华（2004）考察了同 V$_{单双}$ 的异同，提出了有针对性的辨析方法。刘智伟、陈绂（2005）对比分析了同 V$_{单双}$ 的词义、句法功能、语体色彩和音节搭配，归纳其异同，并探索造成差异的原因。季瑾（2005）讨论了同 V$_{单双}$ 部分不可替换的类型及原因。骆健飞（2015）考察了此类词所带宾语类型的差异。这些研究多从三个平面理论及韵律语体等方面比较同 V$_{单双}$ 的差异。

然而，学界从汉语作为第二语言角度进行的研究相对较少。金桂桃（2012）从国际中文教育角度对同 V$_{单双}$ 进行研究，金桂桃主要针对《HSK 等级词汇大纲》中此类动词带补语的差异进行了分析，并对影响差异的原因进行探讨，仅分析了同 V$_{单双}$ 句法功能方面的特征，搜集了数量较多但并未实现分级的词汇。张成淑（2018）开始从汉语作为第二语言角度对同 V$_{单双}$ 进行研究，基于 BCC 语料库对"迎""接""迎接"进行对比分析，从句中位置、词语搭配、语域分布等方面进行辨析。张成淑的该文章分析角度较多，但并未涉及语体和韵律，且仅根据一组同 V$_{单双}$ 进行分析，结果难免局限。同时，其所用语料也并未分国别进行讨论。

针对以往研究的不足，本文将基于韩国中介语语料库的汉语中介语语料，采用新版词汇等级大纲《国际中文教育中文水平等级标准》，对比分析韩国汉语学习者使用一等词汇的同 $V_{单双}$ 混淆分布特征，并尝试解决以下问题：①同 $V_{单双}$ 在本体角度和二语习得角度的差异是否相关？②韩国汉语学习者习得一等同 $V_{单双}$ 时在哪些方面有所混淆，存在什么差异和规律？③韩国汉语学习者习得单音节动词（以下简称 $V_单$）和双音节动词（以下简称 $V_双$）时在哪些方面有所混淆，存在什么差异和规律？

二　同素同义单双音节动词的确定

本文首先参照《现代汉语词典》（第 7 版），根据《国际中文教育中文水平等级标准》，按照词汇等级筛选出可能的同 $V_{单双}$，共得到 200 组词语。本文从二语习得角度进行研究，因而将筛选的同 $V_{单双}$ 放入韩国中介语语料库中进行搜索，发现二等和三等词汇出现频率极少，一等词汇出现较多，故本文将研究对象确定为一等词汇，其中一级词汇 14 组，二级词汇 12 组，三级词汇 22 组，共得到 48 组同 $V_{单双}$。其次，从语料库中提取包含这些词语的所有语料，进行人工筛选并判定混淆的语料。在统计数据时，删除与混淆无关的词语所在的语料，只保留同义混淆的语料。如"生"有"出生""长出""活着"等数个义项；而在语料库中，词对"生—生活"的混淆只在"生活"义项上发生，因此在统计"生"的总使用词频时，未统计"出生""长出"等词语的数量。再次，采用张博（2013）提出的兼顾混淆绝对频次（成对词语误用的总次数）和相对频度（词语误用次数与使用次数的比值）的方法，对各组词语的程度进行排序。最后选择了 32 组同 $V_{单双}$（一级14 组、二级 9 组、三级 9 组）作为本文的研究对象，这 32 组同 $V_{单双}$ 的混淆数据如表 1、表 2、表 3 所示。

表 1　一级同 $V_{单双}$ 混淆的绝对频次和相对频度

同 $V_{单双}$	绝对频次（次）			相对频度（%）		
	前词	后词	总	前词	后词	总
爱—爱好	1	0	1	0.45	0.00	0.45
帮—帮忙	2	3	5	0.62	6.82	7.44

同V单双	绝对频次（次）			相对频度（%）		
	前词	后词	总	前词	后词	总
帮—帮助	5	10	15	1.56	2.41	3.97
记—记住	1	1	2	1.28	14.29	15.57
考—考试	5	13	18	1.42	10.92	12.34
买—购买	1	0	1	0.02	0.00	0.02
睡—睡觉	12	3	15	3.23	5.36	8.59
说—说话	37	36	73	0.62	8.59	9.21
忘—忘记	1	22	23	0.19	56.41	56.60
学—学习	6	20	26	0.27	1.56	1.83
走—走路	1	5	6	0.08	11.90	11.98
见—看见	2	1	3	0.14	0.21	0.35
见—见面	66	32	98	4.69	17.78	22.47
看—看见	3	55	58	0.06	22.73	22.79

由表1可知，一级词汇中出现混淆的绝对频次最高的前三组为"见—见面""说—说话""看—看见"；相对频度最高的前三组为"忘—忘记""看—看见""见—见面"。

表2　二级同V单双混淆的绝对频次和相对频度

同V单双	绝对频次（次）			相对频度（%）		
	前词	后词	总	前词	后词	总
变—改变	1	11	12	0.20	4.87	5.07
变—变成	6	4	10	1.19	7.84	9.03
变—变化	13	7	20	2.58	12.96	11.54
改—改变	1	4	5	0.60	30.77	31.37
讲—讲话	5	0	5	2.43	0.00	2.43
离—离开	0	2	2	0.00	28.57	28.57
练—练习	0	1	1	0.00	11.11	11.11

续表

同 V$_{单双}$	绝对频次（次）			相对频度（%）		
	前词	后词	总	前词	后词	总
取—取得	0	1	1	0.00	25.00	25.00
生（动）—生活	0	3	3	0.00	1.56	1.56

　　由表 2 可知，二级词汇中出现混淆的绝对频次最高的前三组为"变—变化""变—改变""变—变成"；相对频度最高的前三组为"改—改变""离—离开""取—取得"。

表 3　三级同 V$_{单双}$混淆的绝对频次和相对频度

同 V$_{单双}$	绝对频次（次）			相对频度（%）		
	前词	后词	总	前词	后词	总
保—保存	0	1	1	0.00	0.30	0.30
吵—吵架	2	2	4	2.22	16.67	18.89
管—管理	1	1	2	0.49	16.67	17.16
建—建立	0	1	1	0.00	100.00	100.00
跳—跳舞	1	1	2	0.72	5.26	5.98
信—信任	0	3	3	0.00	20.00	20.00
演—表演	1	3	4	0.52	2.11	2.63
游—游泳	0	1	1	0.00	6.67	6.67
受—接受	1	4	5	0.13	2.60	2.73

　　由表 3 可知，三级词汇中出现混淆的绝对频次最高的前三组为"受—接受""演—表演""吵—吵架"；相对频度最高的前三组为"建—建立""信—信任""吵—吵架"。

　　同 V$_{单双}$属于易混淆词的一类，在上述数据分析基础上，本文进一步对语料进行数据分析。

三　同素同义单双音节动词的对应与比较

（一）同素同义单双音节动词的形式与意义对应关系

1.形式对应关系

由表1、表2和表3可以看出，同$V_{单双}$在形式对应上并不完全相同。本文采用"一对一、一对多、二对一"进行分类。

"一对一"的形式对应关系，即一个$V_{单}$只对应一个含有相同语素、意义相同或相近的$V_{双}$，一个$V_{双}$也只对应一个含有同一语素、意义相同或相近的$V_{单}$，如走—走路、讲—讲话、吵—吵架等。符合这种形式对应关系的词组在语料中有22组，占语料总数的68.75%。

"一对多"的对应形式是指一个$V_{单}$对应两个或两个以上含有同一语素、意义相近的$V_{双}$，$V_{单}$可以和$V_{双}$的第一个构成语素相同，也可以和双音节词的第二个构成语素相同，如变—改变、变成、变化，帮—帮助、帮忙，见—见面、看见等。符合这类形式对应关系的词组在语料中有6组，占语料总数的18.75%。

"二对一"的形式对应关系是指两个近义的$V_{单}$对应一个由这两个词并列而成的近义的$V_{双}$。例如：改—改变—变。符合这类形式对应关系的词组在语料中有4组，占语料总数的12.5%。

"一对一"在本文所选语料中所占比例最大，"一对多"其次，"二对一"占比最小。

2.意义对应关系

汉语$V_{单}$多为多义词，所以同$V_{单双}$在所有义项上相同的可能性较小，它们只可能在一个义项或部分义项上相同，它们的意义对应关系多种多样。虽然$V_{单}$和$V_{双}$在《现代汉语词典》（第7版）中的义项不是完全相同，但含有一个相同义项，我们称它们为同义关系。同义关系是指单音节词和双音节词在释义中含有一个相同的义项。大致分为以下三类。

一是都是单义词，且义项相同。例如：

睡—睡觉

【睡】（动）睡觉：~着了。

【睡觉】（动）进入睡眠状态：该~了。

$V_双$"睡觉"被用作 $V_单$"睡"的释义成分来解释说明其词义，两个词语含有相同的义项，可构成同义关系。

二是 $V_单$是多义词，$V_双$是单义词，两个词在 $V_双$义项上构成同义词。例如：

考—考试

【考】（动）❶提出问题让对方回答：~问。❷考试：他~上大学了。❸调查；检查：~察。❹推求；研究：思~。

【考试】（动）通过书面或口头提问等方式，考查知识或技能。

"考"是多义词，"考试"是单义词，且二者的释义包含相同的义项"考试"。在 $V_双$表示的义项上构成同义词，但 $V_单$的义项范围更大，在 $V_单$表示的义项上二者构成近义关系。

三是都是多义词，两个词在其中某个义项上相同。例如：

说—说话

【说】（动）❶用话来表达意思：我不会唱歌，只~了个笑话。❷解释：一~就明白。❸责备；批评：挨~了。❹指说合；介绍：~婆家。❺意思上指：他这番话是~谁呢?

【说话】（动）❶用语言表达意思：不要~。❷闲谈：找他~儿去。❸指责非议：要把事情做好，否则人家要~了。❹唐宋时代的一种民间技艺，以讲述故事为主，跟现在的说书相同。

"说"和"说话"都是多义词，有一个同义义项，构成了同义关系。

（二）同素同义单双音节动词的意义比较

在词义方面，本文主要从理性意义、感情色彩、语体色彩等方面对同 $V_{单双}$进行词义的比较。

1.理性意义的比较

理性意义又包括性状特征的比较和适用对象的比较。

❖ **性状特征的比较**

一是 $V_单$ 和 $V_双$ 表示的性状特征相同，但是 $V_双$ 词义更加明确。例如：

睡—睡觉

【睡】（动）睡觉：～着了。

【睡觉】（动）进入睡眠状态：该～了。

二是 $V_单$ 和 $V_双$ 的性状特征丰富。$V_双$ 比 $V_单$ 多一个语素，有的异语素加深了 $V_双$ 的词汇意义，但是在加深的同时，缩小了 $V_双$ 的使用范围，它的表意就没有 $V_单$ 的丰富。在查阅字典时可以发现，有的 $V_单$ 有很多个义项，但是相对应的 $V_双$ 仅仅有一个或者几个，例如：

见—看见

【见】（动）❶看到；看见：罕～。❷接触；遇到：冰～热就化。❸看得出；显现出：～效。❹指明出处或需要参看的地方：～上。❺会见；会面：接～。

【看见】看到：看得见。

❖ **适用对象的比较**

一是具体和抽象的比较。动词在适用对象上存在具体事物与抽象事物方面的差异。例如："取—取得"。

"取得"一般只能是抽象事物，事物现象多表示积极意义，如"取得成功，取得经验"。而"取"则常与具体事物搭配，事物现象可以是积极意义，也可以是消极意义，如"自取灭亡，录取"。

二是范围大小的比较。$V_单$ 一般具有很多义项，表意宽泛，所以在语用上很灵活，其使用范围也相对较大。$V_双$ 表意相对精确，但其使用也会因此而受到限制，使用范围相对也就小很多。它们的搭配范围有别，通常情况下 $V_单$ 适用范围较大，$V_双$ 适用范围较小。例如："游—游泳"。

"游"表示"人或动物在水里行动"，也可表示"各处从容地行走；闲逛"。而"游泳"仅表示"人或动物在水里游动"。

2.语体色彩的比较

一是 $V_单$ 口语色彩浓于 $V_双$。

$V_单$ 常常用在口语中，这是因为在口语表达中，由于显而易见的情景和语言经济原则的作用，人们用简单的词汇就能使双方实现准确无误的交流。

例如：买—购买（买票 / 购买车票）。

二是 V$_单$的书面色彩强于 V$_双$。

这种情况较少。如"保—保存"，"保"在表示"保持"的时候，常用作"保值""保鲜"等，更具书面语体风格。

3. 音节韵律的比较

一般情况下，V$_单$一般和单音节词语搭配使用，也可以和双音节词语搭配使用，它的搭配比较自由。如"买票""买东西""帮人""帮朋友"等。V$_双$相对来讲受限较多。它和名词搭配时，一般要求后面的名词是双音节词，如"管理公司""建立政权"等。如果后面的名词是单音节词，一般是人称代词，如"忘记她"。

（三）同素同义单双音节动词句法功能比较

同 V$_{单双}$作为动词中特殊一类，仍具有动词的特点和功能。由于动词在句法功能中可以带宾语、补语，本文以此展开讨论。

1. 能否带宾语的差异

汉语中有一类特殊的动词，如"睡觉、帮忙、考试"，它们被称为离合词，一般情况下它们不能带宾语，而与它们相对应的同义单音节词"睡、帮、考"等则可以带宾语。例如：

（7）明天要考【考试】HSK。

有些双音节动词虽不是离合词，但也不可以带宾语，而它对应的同义单音节词则可带宾语。这样的词有"变—变化"等。例如：

（8）现在变【变化】成了两个国家。

上文的 V$_单$都可带宾语，和它相对应的 V$_双$却不能带宾语。究其原因，这些 V$_单$都是一价动词，与其对应的双音节动词也是一价动词。若单音节动词是二价或三价动词，其对应的同义双音节动词也能带宾语。这样的词有"爱—爱好、看—看见"。例如：我爱妈妈；他爱好唱歌。

2. 能否带补语的差异

本文发现大多数同 V$_{单双}$都可带补语，而且所带补语的种类繁多，除可能补语、程度补语、结果补语外，还可以带状态补语、趋向补语和数量补语。而它们相对应的同义双音节动词在带补语方面又有很大的限制，它们大多能带可能补语、数量补语，却很少能带结果补语，如"帮—帮助"。例如：

（9）我这次可算是帮【帮助】对人了。（结果补语）

（10）我以前帮【帮助】过他两次。（数量补语）

四 同素同义单双音节动词混淆分布特征

（一）频次角度的分布特征

基于韩国中介语语料库的统计分析，本文对同 V$_{单双}$的混淆分布特征进行多角度的考察与分析。首先本文考察了 464 条偏误用例中—等三个级别的平均值和合计混淆绝对频次和相对频度。如表 4 所示。

表 4　三个级别同 V$_{单双}$绝对频次和相对频度平均值和合计

同 V$_{单双}$	绝对频次			相对频度（%）		
	前词	后词	总	前词	后词	总
一级平均值	10.2	14.4	24.6	1.05	11.35	12.40
一级合计	143	201	344	14.64	158.97	173.61
二级平均值	2.9	3.7	6.6	0.78	13.63	14.41
二级合计	26	33	59	7.01	122.69	129.70
三级平均值	3.6	2.5	6.1	0.60	17.24	17.84
三级合计	36	25	61	5.96	172.36	178.32

其次，分析了 V$_单$和 V$_双$在三个级别中的混淆总频次和平均频度变化情况，如图 1 所示。

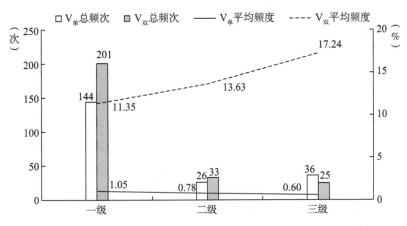

图 1　不同等级的 V$_单$和 V$_双$混淆总频次和平均频度

根据表 4 和图 1 的统计，本文得出如下结论。（1）各等级同 V$_{单双}$混淆总频次不平衡。一级和二级都是 V$_双$比 V$_单$混淆总频次更高，到了三级则相反，且二级与三级的误用频次远低于一级词汇。如一级词汇"见—见面"的"见"误用频次最高，为 66 次，而二级词汇"变—变化"中的"变"误用频次最高，仅 13 次。可见 V$_双$更容易出现混淆，且二级和三级词汇混淆频次合计比一级的一半还少。（2）V$_单$和 V$_双$混淆平均频度悬殊。V$_单$混淆平均频度较低，普遍在 2% 以下，且三个等级相差不大，最高为一级 1.05%，最低的是三级 0.60%；V$_双$出现混淆的频度平均较高，且三个等级相差较大，混淆平均频度最高的是三级 17.24%，最低为一级 11.35%。

因此，从总频次角度来看，V$_双$的混淆总频次更多；从平均频度角度来看，V$_单$整体是呈现从高到低的趋势，而 V$_双$呈现从低到高的趋势。

（二）混淆等级角度的分布特征

不同等级同 V$_{单双}$存在很大的差异，说明不同等级之间的同 V$_{单双}$混淆程度不同，V$_单$和 V$_双$的误用方向和混淆的对应关系也有所差异，本文在分析 V$_单$和 V$_双$的误用方向和混淆的对应关系的基础上考察了这些同 V$_{单双}$

的混淆等级。

1. 同 V$_{单双}$的误用方向与词际关系

张博指出易混淆词的主要特点是从易混淆词误用的方向看，既有单向误用，又有双向误用。从易混淆词的词际关系看，有"一对一"、"一对多"和"多对多"混淆等类型。关于误用方向，程娟进一步指出，"单向误用"指误用词和当用词之间具有替代和被替代的关系，"双向误用"是指误用词和当用词可以相互替代，如"爱"和"爱好"只有"爱好"出现了误用，应当用"爱"而误用了"爱好"，而"帮"和"帮助"两个词都会互相混淆，例如：

（11）她很爱【爱好】收拾。（爱→爱好）

（12）在中国生活的过程中中国人帮【帮助】了我们很多，我很感谢！（帮→帮助）

（13）我想帮助【帮】穷人。（帮助→帮）

在考察的 32 组同 V$_{单双}$中，有 11 组为"单向误用"，分别为一级 2 组，二级 5 组，三级 4 组，占 33.33%；有 22 组为"双向误用"，分别为一级 12 组，二级 4 组，三级 6 组，占 66.67%。

关于"词际关系"，"一对一"混淆是指一个目标词只和一个词语相混（见图 2）；"一对多"混淆指一个目标词和多个词语相混（见图 3）。

图 2 "一对一"混淆示例　　图 3 "一对多"混淆示例

在不同等级同 V$_{单双}$混淆中，"一对一"混淆有 24 组，其中一级有 9 组，二级有 5 组，三级有 10 组；"一对多"混淆有 5 组，分别为一级"帮—帮忙、帮助""见—看见、见面""看、见—看见"，二级"变—改变、变成、变化""改、变—改变"。可以发现"一对一"混淆相对较多。

2. 同 V$_{单双}$ 的混淆等级分布特征

同 V$_{单双}$ 之间的混淆等级和混淆程度不完全相同，具有明显的层级性，本文将混淆频次 ≥ 30 的认定为超高混淆词对；20~29 的为高度混淆词对；10~19 的为中度混淆词对；5~9 的为低度混淆词对；1~4 的为超低混淆词对。具体分布特征如表 5。

表 5　韩国汉语学习者同 V$_{单双}$ 的混淆等级分布

单位：组

混淆等级	混淆频次	词汇等级			词际关系		合计
		一级	二级	三级	一对一	一对多	
超高	≥30	3	0	1	2	2	4
高度	20~29	2	1	0	2	1	3
中度	10~19	3	2	0	2	3	5
低度	5~9	2	2	1	4	1	5
超低	1~4	4	4	7	14	1	15
合计		14	9	9	24	8	32

各混淆等级偏误用例如下：

（14）因为我汉语说【说话】得不太好。（超高）

（15）我们不应该忘记【忘】他，我们以后也应该帮助别人。（高度）

（16）但是加强环境保护运动和政府管理参与的话都能改变【变】。（中度）

（17）他恳求她接受【受】他的爱。（低度）

（18）他走路【走】的样子很有意思。（超低）

由表 5 可知，每一级的同 V$_{单双}$ 混淆程度差别很大：（1）超高和高度混淆词集中在一级词汇，中度以下混淆词三级较多；（2）从词际关系来看，"一对一"混淆数量虽多，但集中在超低混淆，占 60%，"一对多"混淆数量虽少，但中度以上混淆占了 75%。因此，可以看出，一级词汇的混淆程度最高，适合重点分析；在词际关系中，"一对多"的混淆度更高，值得深入研究。

（三）语法角度的分布特征

一般来说，辨析同义词主要从意义、功能、色彩三个角度进行，辅以替换法、义素分析法等辨析方法。因此，本文从语法角度出发，分析同 V $_{单双}$ 的词语搭配、句法功能以及语体色彩、音节韵律等分布特征，分析结果如表6。

表6　韩国汉语学习者同 V $_{单双}$ 的词语搭配、句法功能以及语体色彩、音节韵律偏误

单位：个

	词语搭配	句法功能		语体色彩	音节韵律
		带宾语	带补语		
一级	49	112	34	42	31
二级	0	21	19	3	5
三级	8	8	4	20	10
V $_{单}$	9	77	44	22	18
V $_{双}$	48	64	13	43	28
合计	57	141	57	65	46

注：由于本文周 V $_{单双}$ 均可带状语，故用法功能分析带宾语和带补语偏误数。

根据以上数据统计分析，本文发现如下结果。

1. 词语搭配方面

韩国汉语学习者在词语搭配方面的混淆数量共 57 条。一级词汇出现的混淆数量最多，其中 V $_{双}$ 占了主要部分。如：

（19）回家时路上有买【购买】东西的。（一级词汇）

"买"与"购买"的意义基本相同，都是"用钱换取某物"。但是"购

买"后搭配的对象一般是数量较大或者较为重要的。而"买"没有这方面的限制，使用的范围较为宽泛。根据以上句子的句意，我们知道"我"买的东西不一定大批量，因此，该句的动词用"买"比"购买"更合适，应将"购买"改为"买"。

2. 句法功能方面

韩国汉语学习者在句法功能方面的混淆数量共 226 条，占总数的 57.35%。同 $V_{单双}$ 带宾语混淆数量最多，为 35.78%；其次是带补语，为 14.48%；最后是带状语，为 7.12%。其中，一级词汇混淆数量最多，其次是三级。$V_{双}$ 的混淆数量占比更大，占 45.48%。

❖ **同 $V_{单双}$ 带宾语混淆**

同 $V_{单双}$ 有的动词是及物动词，可带宾语；有的动词是不及物动词，不能带宾语。能带宾语同 $V_{单双}$ 所带的宾语，根据所带宾语的体谓性，又分为体词性宾语和谓词性宾语，其中有的动词既能带体词性宾语又能带谓词性宾语，有的动词只能带其中之一。总之，同 $V_{单双}$ 在是否带宾语以及所带宾语差异等情况十分复杂，是留学生习得这类动词的重点和难点，也是韩国留学生在习得单双音同义动词时出现偏误最多的地方。所带宾语混淆偏误如下：

（20）我去北京旅游，顺便见【见面】我的朋友。（一级词汇）

"见"是及物动词，后可接宾语，如我昨天见了王老师。"见面"是不及物的动宾式离合词，故其后不能接宾语。如不能说"我昨天见面了王老师"。因此，应将"见面"改为"见"。

❖ **同 $V_{单双}$ 带补语混淆**

对于同 $V_{单双}$ 而言，一般情况下，多数 $V_{单}$ 可以带多种类型的补语，多数 $V_{双}$ 只能带较少类型的补语，并且 $V_{单}$ 与 $V_{双}$ 所带补语的类型并不一致。程娟、许晓华（2004）对同 $V_{单双}$ 带补语的情况进行了探讨，经过统计分析，她们认为大部分单音节动词都可以带补语，不仅可以带结果、程度、可能补语，还可以带趋向、数量、状态补语，甚至可以带介词宾语等，其所带的补语类型多种多样；而双音节动词对其所带补语的类型有较大的制约，多数可以带可能补语、数量补语等，一般情况下较少带结果补语。同 V$_{单双}$与其所带补语的这种错综复杂关系，使得韩国汉语学习者在选择和使用这类动词时常常出现偏误。所带补语混淆偏误如下。

（21）她说再睡【睡觉】一会儿。（一级词汇）

"睡觉"表示一种状态，因此通常不加补语，而"睡"表示动作，因此在"睡"之后加可能补语，如"睡得着""睡不着"等。故此处选用"睡"比"睡觉"更合适。

❖ **同 V$_{单双}$带状语混淆**

本文发现一些同 V$_{单双}$所带的状语有一些差异，而这些差异影响了韩国汉语学习者对该类词的习得。所带状语混淆偏误如下。

（22）最近我的记性很差，所以常常忘记【忘】把东西塞在什么地方。（一级词汇）

"忘"前面很少加时间状语，而"忘记"对此的限制就很少，然而韩国汉语学习者只知道二者意义相近，但是并未注意用法上的细微差别。因而，这句话使用"忘记"更为合适。

3. 语体色彩方面

汉语中的一些动词由于经常用于某种语境而带有了一定的语体色彩。有的动词多用于庄严、正式的场合，具有较浓厚的书面语色彩；有的动词多用于较随意的、轻松的日常场合，具有较浓厚的口语色彩。就汉语的单双音节同义动词来说，一般情况下，单音节动词口语色彩较浓，多用于口语；而双音节动词书面语色彩较浓，多用于书面语。

此外，冯胜利（2010）指出语体是实现人们在直接交际中具有原始属性的、用语言来表达或确定彼此之间关系和距离的一种语言机制。这种表达关系和距离的语言机制，呈现"法"的原则和规律。

韩国汉语学习者在语体色彩方面的混淆数量共 65 条，占总条数的 16.30%。

一级词汇出现的混淆数量最多，其中 $V_双$ 占了主要部分，占 66.15%。如：

（23）我们公司困难的时候他帮助【帮】我们了。（一级词汇）
（24）听说那天同学帮【帮助】朋友收了被子。（一级词汇）

"帮"多用于口语，具有较浓的口语色彩，多为人与人之间的一些日常普通事务；而"帮助"在口语和书面语中都可以用，多用在人与人之间、单位与单位之间、国家与国家之间。从上述的句子所表达的意义来看，选用"帮助"比"帮"更贴合句子的书面语语体色彩。

4. 音节韵律方面

冯胜利（2000）指出："就句子的基本结构而言，双音动词一般不能支配一个单音成分。"此外，冯胜利（2010）指出交际功能虽可促生，但所生形式必依法而成。显然，这里的"法"即韵律语法。韵律本身是一种语法手段，是一种形态（morphology）、一种参数（parameter）。

因此，本文认为就单双音节同义动词而言，单音节动词可以与单音节词搭配，也可以与双音节或多音节词搭配。韩国汉语学习者在音节韵律方面的混淆数量共 46 条，占总条数的 10.68%。一级词汇出现的混淆数量最多，其中 $V_双$ 占了主要部分，占 60.87%。如：

（25）我知道了这样的妇女是帮助【帮】学生的人。（一级词汇）

"帮"和"帮助"的意义基本相同，都是"给予他人支援"。但是"帮"后搭配的名词性宾语不能是双音节的，只能是单音节的，如不能说"帮一个老人"，但可以说"帮助一个老人"。而"帮助"没有这方面的限制，对音节的选择较为自由。因此，该句动词用"帮助"比"帮"更合适。

综上所述，韩国汉语学习者在同 $V_{单双}$ 语法角度的混淆分布较为明显，按混淆频次从多到少依次为句法功能（带宾语、带补语）、语体色彩、词语搭配和音节韵律。在同 $V_{单双}$ 教学中教师应重点加强同 $V_{单双}$ 在句法功能方面的教学，同时加强意义内容方面特别是词语搭配等方面的教学。此外，在教学实践中还要特别注意和纠正留学生在语体色彩和音节韵律方面的偏误，尽量使同 V$_{单双}$的使用更符合中国人的习惯。

五　结语

中介语系统中同 V$_{单双}$的词语搭配、句法功能以及语体色彩、音节韵律是非常重要的类聚，不仅使用频率高，而且产生极具规律性，特别是一级同 V$_{单双}$的易混淆现象值得关注。本文基于韩国中介语语料库进行研究，研究结果如下：同 V$_{单双}$在本体角度和二语习得角度的差异在意义和句法功能方面相关；韩国汉语学习者习得同 V$_{单双}$时在频次、误用方向、词际关系和混淆等级等角度存在差异；韩国汉语学习者在习得 V$_{单}$和 V$_{双}$时在词语搭配、句法功能、语体色彩和音节韵律等方面存在差异。这一研究进一步分析了同 V$_{单双}$混淆成因的基础，有助于我们有针对性地辨析同 V$_{单双}$，从而为国际中文教育提供参考。

参考文献

程娟、许晓华（2004）《HSK 单双音同义动词研究》，《世界汉语教学》第 4 期。

冯胜利（2000）《汉语韵律句法学引论（上）》，《学术界》第 1 期。

冯胜利（2010）《论语体的机制及其语法属性》，《中国语文》第 5 期。

季瑾（2005）《HSK 甲级单双音同义动词部分不可替换的类型探析》，《语言教学与研究》第 5 期。

金桂桃（2012）《基于对外汉语教学的同素同义单双音节动词辨析》，《汉语学习》第 5 期。

刘春梅（2007）《留学生单双音同义名词偏误统计分析》，《语言教学与研究》第 3 期。

刘智伟、陈绂（2005）《含同一语素的同义单双音节动词研究》，《语言文字应用》第 4 期。

骆健飞（2015）《韵律、语体、语法：汉语动词辨析及教学的新视角》，《云南师范大学学报》（对外汉语教学与研究版）第 13 期。

张博（2013）《针对性：易混淆词辨析词典的研编要则》，《世界汉语教学》第 2 期。

张博（2008）《第二语言学习者汉语中介语易混淆词及其研究方法》，《语言教学与研究》第 6 期。

张成淑（2018）《基于语料库的 A、B、AB 类同素同义单双音节动词的辨析——以"迎""接""迎接"为例》，《现代语文》第 1 期。

The Distribution Characteristics of Homomorphemic Synonymous Monosyllabic and Bisyllabic Verb Confusion among Korean CSL Learners

WU Xingyan   HU Xiaoqing

Abstract: This article selects 32 sets of first class homophones, synonymous monosyllabic and disyllabic Verbs from the "International Chinese Education Chinese Level Standards", and based on a national (Korean) interlanguage corpus, extracts 464 confusing errors among Korean Chinese learners. It analyzes the distribution characteristics of confusion between homophones, synonymous monosyllabic and disyllabic Verbs from multiple dimensions. The survey found that there is a correlation between the differences in ontology and second language acquisition perspectives; There are differences in the frequency of confusion, direction of misuse, inter word relationships, and level of confusion among the first and third level Vocabulary; There are differences in word collocation, syntactic function, syllable rhythm, and stylistic color between homophones and monosyllabic Verbs.

Keywords: Korean Chinese learners, Homomorphemic and synonymous monosyllabic Verbs, Easily confused words

作者简介

吴鈃琰，鲁东大学文学院硕士研究生。研究方向为汉语国际教育、词汇研究。[Email：276950944@qq.com]

胡晓清，山东政法学院教授，博士。研究方向为对外汉语教学研究、词汇研究、汉外对比。[Email：xiaoqingytyt@126.com]

实境直播式文化教学设计与实践研究[*]

华东师范大学国际汉语文化学院　　朱晓睿

北京语言大学汉学与中国学学院　　李沛熹　骆健飞

提　要　本文探讨了实境直播模式在文化教学中的应用，倡导将文化教学与数字化技术相结合，探索立体化、可视化的文化教学模式。该模式的理论基础为实境学习理论，具有情境真实、互动多元、线上线下相结合等优点，是利用数字技术对传统文化教学模式的优化升级，增强了文化内容的可视性和可理解性。在文化内容上，本文进一步探讨了实境直播式文化教学可以利用的文化资源，包括日常生活、文化产物、文化观念三个板块。在设计实境直播文化课程时，文化内容的选择应体现文化内容当地化、当代化和跨文化意识。

关键词　实境直播；中华文化；教学设计；教学实践

一　引言

随着全球教育事业信息化进程的推进，不受时地限制的线上学习已经成为不可或缺的学习方式，数字技术的发展推动了新型教学模式的研究与应用。在国际中文教育领域，相较于语言教学，文化教学更迫切需要学生与目的语文化环境"深接触"，实地观摩式文化教学虽然可以帮助学生更好地认知和感悟文化内涵，但组织学生实地体验需要消耗大量人力、物力、财力，会占用过多课程时间。这种教学方式在实际教学中难以实现经常性、大规模

---

*　基金项目：本研究受北京语言大学国际中文教育建设重点项目"汉学与中国学的学科化建设与专业课程体系建设"（项目编号：GJGZ202338）及中国高等教育学会 2023 年度高等教育科学研究规划课题"国际学生中华传统文化教育路径研究"（项目编号：23LH0415）资助。

推广，在数字技术日新月异的当下，如何利用数字化技术创新文化课堂是当前亟须研究的课题。

近年来，尤其是疫情防控期间，数字化、混合式的新型教学模式在国际中文教学中有大量实践。张瀛、王胜男（2022）探索了线上线下混合式写作教学模式，通过教学实践和效果反馈，证明其可行性和有效性。吴勇毅（2020）强调互动在混合式课堂中的重要性，指出要将线上的知识学习与线下的实体课堂有机结合，并辅以移动终端（比如手机微信）的即时碎片化学习和答疑互动。

丁安琪、王维群（2021）探讨了实境直播模式在短期中文教学中的应用，实境直播模式将课堂放入真实的社会环境中，通过网络直播技术为学习者创设了特定的学习情境，让学习者在真实的情境中完成真实的语言任务。该模式的理论基础是扬·哈灵顿博士提出的实境学习理论，强调学习情境和学习任务的真实性，教师借助网络技术为学习者"创设仿真学习环境"，即所谓"认知真实"的学习环境，从而促进学习者解决真实的问题和完成自主探究的实境学习过程。在实境学习过程中，教师需要为学习者提供指导和学习支架，促进学生协作和反思。在疫情防控期间，线上汉语教学成为常态，丁安琪、王维群（2021）创造性地将直播教学与实境学习理论相结合，提出实境直播模式，其教学策略是利用实境创设真实语境，使用直播方式来支持多元互动，借助团队提供学习支架。实境直播模式具有"情境的真实性"、"互动的多元性"和"实践的便利性"等优点，而文化教学正需要这种"身处"文化情境的体验感与可推广性，这启发我们将实境直播应用于文化教学。

二 实境直播式文化教学的模式与理念

多年来，文化教学的主要方式仍然是教师在教室环境下针对课本讲解，这种主流教学模式有其客观合理性，但并不能让学生有深刻的文化体验感。囿于组织成本和实施难度，实地化的文化教学不仅难以大量推广，而且其教学对象局限于身在中国的留学生，因此，利用数字化技术来强调情境真实性的实境直播模式在文化教学方面具有独特价值。

（一）实境直播式文化教学的理论基础

实境直播式文化教学的理论基础为实境学习理论，实境学习理论认为教学要基于特定的情境，要使知识能够真正学有所用。该理论由扬·哈灵顿博士提出，强调学习情境和学习任务的真实性，她把实境学习的教学实践总结为设计学习任务、运用学习技术、创建学习制品和协作分享交流四个方面。课程学习要围绕一个或多个学习任务展开实践，在任务的创设和进行过程中，把技术工具作为认知工具整合到实境学习中，从而为学习者创建情境化的学习环境。

（二）实境直播式文化教学模式

参考丁安琪、王维群（2021）的实境直播教学模式，实境直播式文化教学可以分为教学准备、实境教学、评价反馈三个阶段，如图1所示。

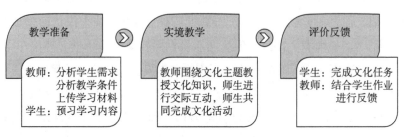

图1　实境直播式文化教学流程

1.教学准备

在直播教学前，教学准备主要围绕分析教学条件、上传教学资源、预习学习内容展开。教学条件方面，网络技术人员、助教需要提前对文化场地、网络情况等进行评估，提前协调沟通，保证课程顺利进行。此外，直播课前，教师需要制作并上传学习清单、文化微视频等学习资源，布置学习任务，引导学生自主学习、预习相关生词和语法点、观看视频了解文化知识。同时，如涉及较难语言知识，教师可以提前安排知识讲解课程，对重难点进行有针对性练习，从而帮助学生更好地进入文化情境，积极完成交际与文化任务。

2. 实境教学

本模式以文化教学为主，兼顾语言教学。每节课围绕特定的文化主题展开，文化任务贯穿课堂始终，同时在教学中穿插多种交际任务，通过直播为学生打造真实的情境，强调任务和情境的真实性、文化的可视性。例如，关于中国茶文化的主题教学，教师可以选择茶馆作为直播场所，邀请茶艺师为留学生进行茶道示范，展示常见的茶具、茶叶，观看茶道的基本礼仪和动作。同时，教师可以邀请茶馆客人和学生互动，交流品茶的魅力、喜欢的茶叶类型、茶文化在世界的传播等话题。直播过程中，借助茶馆内张贴的中国字画，讲解茶文化的演变和传承，对比不同时代中西方的茶文化。课程结束时，教师布置课后作业，要求学生分小组合作完成文化任务，文化任务围绕制作文化作品展开，如在课后录制一段茶艺表演视频并配以旁白解说，为某款茶叶写广告词。课后文化任务要给予学生自由发挥的空间，引导学生进行自主探究。

3. 评价反馈

课后，学生需要完成教师布置的文化任务，如制作相关文化视频等。在制作文化作品的过程中，教师要关注学生的协作过程，适时询问学生进展，例如：你们目前遇到了什么问题？有什么解决方案？将会用什么方法解决问题？学生提交文化作品后，教师也要结合学生的完成情况进行反馈。同时，可以向助教、学生发放调查问卷，获得师生对课程相关的反馈建议，根据反馈灵活优化课程安排。

（三）实境直播式文化教学的理念

1. 借助网络直播，文化教学实现可视化、情境化

实境直播可以让线上学生身临其境地体验中国文化，提高学生的学习兴趣和参与度。教师身处文化场所，结合实景实物介绍和诠释相关的文化知识，并通过网络直播技术与身处世界各地的留学生共聚"云"端，完成文化

知识的学习和体验。比如，教师身处北京故宫，站在雄伟壮观的故宫建筑前，借助建筑雕刻上随处可见的龙、凤图案，向学生介绍古代中国历史，以及背后的文化内涵。这种教师身处文化情境下的直观授课，是课堂环境下通过课本、教师的讲解无法相比的。文化景观区的一草一木，近处的摆设和远处的建筑，都是教师授课的文化资源。

2. 营造多元互动，真实交际融入文化教学

语言是文化的载体，文化教学同样离不开语言教学。教师在直播文化活动的同时，必然贯穿着多种交际活动。例如，教师在北京胡同向国际学生展示北京人真实的生活场景。教师可以根据学生不同的语言水平设置多种交际活动，向留学生呈现真实语境下自然的交际，同时创造机会让学生与其他人进行交际活动，例如教师让学生向路人打招呼、购买商品等，从而把文化任务和语言交际任务巧妙融合。在文化课堂中，教师要尽可能多地创设多元互动，包括师生、生生、学生与路人等多样化实时互动，从而增强学生的语言输出，让学生参与真实的语言交际，从而使他们感受到原汁原味的中国。

3. 依托互联网平台，构建立体化文化教学模式

实境直播课和传统的知识讲解性课程相结合，教师可以在直播课程前设置专门的知识性课程，讲解该节课涉及的语言项目，并带领学生预习文化难点，从而提升学生直播课程的参与度和接受度。知识讲解课程也可以由线上微课或其他教学材料替代，充分利用线上文化资源，在课前、课后阶段，教师应及时上传与本课教学内容相关的微课、课件、练习等丰富多样的教学资源，帮助学生更好地预习、参与、回顾课程，全方位、立体化、多层次地展开文化教学。

4. 借助互联网技术，降低成本易推广

李泉、孙莹（2023）指出："文化种类与形态的多样性和文化内涵的依附性，决定了文化教学的内容和方式方法应多元化。"文化教学需要走向实物化与可视化，从单一的文化讲解走向生动的文化体验，但实地化的文化教学需要消耗大量人力、资金、时间，难免打乱正常的教学安排，往往一学期只能组织一两次文化参观活动。而教师从课堂移步至文化场景，借助网络直播的方式开展教学不仅让学生有生动的文化体验，又节约了时间物质成本，是数字化技术在文化教学中的探索应用。

5. 依靠教学团队，协助推动教学

与在教室进行的传统文化教学相比，实境直播式文化教学需要依靠教学团队的协助。教学团队包括主讲教师、网络技术人员、室外助教、室内助教，从而保证文化活动的顺利开展。其中，网络技术人员负责直播网络的畅通，室外助教需要在授课前、授课时与相关人员协调，例如授课前一天与直播地工作人员提前沟通，提前寻找与学生交流互动的对象等，从而保证文化教学的顺利开展。室内助教在直播时需要在线上时刻关注学生学习情况，并配合主讲教师呈现相关知识点，例如配合教师讲解，室内助教在聊天室里呈现相关文字和拼音，在直播出现突发状况时室内助教也可以及时救场、灵活处理。教学团队各司其职，是实境直播文化课堂高效推进的关键所在。

三 实境直播式文化教学可供利用的文化资源

中国文化包罗万千，文化教学内容丰富而复杂，一门课程根本无法全面系统地介绍中国文化，在基于实境直播设计文化体验课程时，我们必须有所取舍。我们可以选取哪些文化内容，何种文化内容适宜于该模式，这类问题亦需要反思和研究。

（一）实境直播式文化教学的内容设计

本模式注重文化场景的真实性和文化资源的可视性，需要借助可视化文化产物及场所营造真实情境、讲解文化知识。《国际中文教育用中国文化和国情教学参考框架》（以下简称《参考框架》）是国际中文教育领域第一部文化教学的参考框架。我们以此为纲，说明本模式可供选取的文化资源，《参考框架》的内容分为社会生活、传统文化和当代中国三大板块（见表1）。

表1 《参考框架》中的中华文化课程教学内容设计

一级文化项目	二级文化项目
社会生活	饮食、居住、衣着、出行、家庭、节庆、休闲、购物、就业、语言交际、非语言交际、人际关系、语言与文化

续表

一级文化项目	二级文化项目
传统文化	历史、文化遗产、文学、艺术、哲学、宗教、发明、中外文化交流
当代中国	地理、人口与民族、政治、经济、社会保障、教育、语言文字、文学艺术、科技、传媒、对外交流

文化内容的选择应该从日常生活入手，选取留学生有所体会、容易接触的内容，由浅入深、循序渐进地进行文化教学。《参考框架》的第一部分"社会生活"主要聚焦中国人的日常生活、行为习俗和观念态度，与培养留学生的跨文化交际能力最密切相关。本模式选取的第一板块"日常生活与文化习俗"正是从中国人的日常生活入手，通过衣食住行、岁时节日、人生礼仪等这些中国人社会生活中最常见的行为来展现中国社会的本来面貌。《参考框架》的第二、三部分分别对应传统和当代，体现古今兼顾理念，包括古今中外的物质文化和精神文化。第二部分"传统文化"聚焦中国古代的文明成就，例如物质和非物质文化遗产等。第三部分"当代中国"聚焦"当代中国"基本国情。

秉承由浅入深的选取原则，本模式选取的第二板块从文化产物入手，在《参考框架》的"传统文化""当代中国"部分选取具有代表性的中国符号，其中既有承载历史印记的传统文化符号，如科举制、故宫、长城，又有现代中国的文化符号，如中医、茶等。这些具有代表性的中国符号一般有可视化的文化载体，是外国人对中国固有印象的重要来源。文化观念等深层次的文化因素是文化的核心部分，但具有深层、隐性、主观的特点，是公认的难教内容，在课程中我们放在最后板块进行集中教学，例如人际关系、哲学思想、艺术与美感。除了专题课程之外，文化观念的教学在前两个板块也应有所体现，中国人的日常生活、具体可见的文化产物都体现着中国人的价值观念、伦理道德，它们作为隐性主线贯穿在其他文化知识的讲解之中。三个板块内容如图2所示。

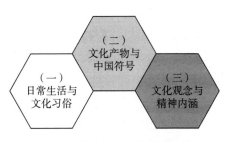

图 2　实境直播式文化教学内容

　　基于实境直播式的文化课程，可以按照以上思路，由浅入深、循序渐进地选取文化内容，借鉴中国大学慕课（MOOC）平台中面向留学生的文化课程"走进中国传统文化"（由丁险峰、骆健飞、李婷、陈莹等老师录制）及骆健飞等（2019）的研究成果，我们在每个板块里选取 5 个文化点，举例说明教学要点和可供参考的实境直播场所，从而进一步阐明文化内容设计（见表 2）。

表 2　实境直播式文化教学内容设计

板块类型	具体内容	教学要点	可供参考的实境直播场所
日常生活与文化习俗	中国人的饮食	中国人的饮食习惯、中国人对饮食的态度与习俗、中国菜的特点	中国饭馆
	中国人的居住	中国的传统和现代住所，包括皇家园林、私家园林、四合院、北京胡同、居民区等	有当地特色的居民区，如北京胡同和四合院
	中国传统节日	春节、端午节、中秋节等重要节日	春节庙会
	中国人的礼仪	诞生礼、寿礼、婚礼、丧礼、升学礼等	民俗婚庆博物馆
	中国人的教育	中国的传统教育制度（科举制等）和当代教育制度（高考、义务教育）	传统书院、国子监等
文化产物与中国符号	茶	中国茶文化的来源和传播、茶的种类与作用、中外茶文化的对比	茶馆
	丝绸之路	古代路上、海上丝绸之路的起源和发展，中国与世界交流的其他重要历史事件，当代"一带一路"倡议	丝绸之路展览
	龙	龙的传说、象征意义以及生活中的龙	故宫
	长城	长城的历史、象征意义以及生活中的龙	长城
	汉字与书法	汉字的来源和发展、书法的文化内涵、中西书法对比	书法展览

续表

板块类型	具体内容	教学要点	可供参考的实境直播场所
文化观念与精神内涵	中国古代故事与传说	盘古开天辟地、女娲补天、爱情传说等	杭州西湖
	儒家	孔子的生平和经历、教育思想、儒家思想与儒家思想在当代中国的影响	孔庙
	道家	老子与道德经、庄子及其哲学思想、道家思想及对当代中国的影响	道观
	中国人的家庭观念	尊老爱幼观念、中国家庭观念及其发展变化，如亲子关系、夫妻关系、中西方家庭观念的差异	传统四合院与现代住宅
	中国人的审美观念	中国艺术如瓷器、书法、中国画、园林艺术等蕴含的审美特点与文化内涵	书画展览

（二）文化内容的选择原则

在设计实境直播文化课程时，文化内容的选择应综合考虑多方因素，秉承"以点带面、见微知著"的理念，尽可能选取具有当地特色的文化资源，通过身边触手可及、易于观赏、可以感知的文化资源、文化现象来挖掘和展示相关文化的内涵与特点。

1. 体现本土特色的文化资源

基于实境直播的文化课程在选取文化内容时，需要充分利用当地的文化资源。师生所在学校周边的城镇乡村，大多有或多或少的文化资源，如博物馆、名胜古迹、当地风俗、历史人物等，随处都是教师可以利用的生动材料，选取当地的文化资源和场所可以降低直播课程的成本和操作难度。除了典型的、极具代表性的中国符号，如长城、故宫、兵马俑、茶叶等，具有当地特色的文化符号也是实境教学取之不尽的教学素材。比如，京剧是文化教学中经常出现的内容，但中国各地戏剧皆精彩纷呈，教师可以选取所在区域的地方戏剧作为教学内容，不必一提及戏剧就是京剧，一提及古建筑就是故宫、长城，难免千篇一律。山东高校的留学生可以在实境课程中一览齐鲁文化，充分感受孔孟之乡的文化内涵，而川渝学生则有机会近距离接触巴蜀文化。当地化取材不仅可以丰富实境文化教学的内容、展现中国文化的多样性，也可以大大提升文化教学的质量。

2. 贴近留学生生活，不可仅局限于中国传统文化

汉语学习就是一种生活，一种学习和体验汉语表达习惯的生活，一种感知和了解中国文化和价值观念的生活（李泉、丁秋怀，2017）。实境直播课程在选取文化内容时，要尽可能地贴近学生的生活，日常生活、文化习俗这种贴近学生交际需求的文化点是学生最需要、最容易理解和掌握的内容。同时，文化内容的选择不可局限于中华传统文化，也要选取反映当下中国的文化内容。例如，在中国教育这一文化专题下，我们可以选取国子监、孔庙这类反映中国古代教育的名胜古迹，讲解科举制、孔子、儒家教育思想等中国古代教育观念，但同时需要设计古今教育对比，比如以国子监附近学校为直播场地，与当地家长交流互动，循序渐进地讲解中国当代义务教育、高考等文化内容，以直播形式带领学生走进新旧生活、接触过往文化的依托和当下的生活，让文化教学"活"起来。

3. 体现跨文化视角

国际中文教育的总目标是培养学生的跨文化交际能力，因此文化教学内容的选择要突出跨文化的维度（祖晓梅，2023）。在文化内容的呈现上，不仅要突出中国国情和文化的独特性，例如儒家传统思想和当代社会主义核心价值观、中国梦等，也要有意识地选取一些具有显著跨文化差异的文化现象和观念，引入中西文化对比的视角，例如中西方家庭观念、教育制度、消费观念、社会制度等方面的差异。同时，选取一些与中西方文化交流相关的文化内容，例如佛教传入、茶道传播、丝绸之路、汉字文化圈等。在文化的讲解和互动中，教师也要有意识地引导学生进行跨文化的比较和思考。

四 实境直播式文化课程案例——以中国古代教育为例

在"以点带面，见微知著"的理念下，充分考虑当地的特色文化资源，我们确定以中国古代教育为文化主题，选取北京国子监、孔庙作为直播场所，采用实境直播式的文化教学方法，化抽象为具体地向国际学生展示中国古代教育观念、孔子及其儒家教育思想等，从而使这类概念化、抽象化的文

化内容在现实生活中得到体现，文化教学内容也得以"活起来"。

（一）课前准备

课前准备主要围绕实地走访、准备教学材料等方面展开。

实地走访。对直播地进行实地调查走访，以确认文化点讲解场所及切换顺序，并提前思考学生互动对象的选择。在本次文化课前，教师对国子监、孔庙及周围环境进行实地走访，确定讲解的文化知识点，如胡同、下马碑、科举制、孔子、儒教等，并计算好场景转换过程预计耗费的时间。

准备教学材料。需要准备的教学材料包括生词卡片、教学 PPT、学习任务单等。根据教学内容准备纸质版生词卡片及学习任务单。学习任务单包括生词、语法点及文化背景知识，如国子监、孔庙等生词，孔子生平等文化背景知识。另外，线下场景转换过程由线上助教讲解填补空缺以高效利用课堂时间，线上助教主要讲解文化背景知识，围绕孔子生平及教学思想展开，因此课前需要制作教学 PPT。教学材料制作完毕后，教师需要提前三天上传教学材料，学习者根据教师的任务单提前进行自主学习。

（二）课中实境直播

在实际课堂体验中，教师注重与学生的即时互动，通过实时弹幕、举手发言及时获得反馈信息，让学生与教师实现高效交流，拉近学生与当地文化符号的距离，让学生在整个课堂的每一个环节中都有新鲜的体验。教师首先通过摄像头依次展示国子监的建筑特色和文化内涵。在"进士题名碑"这一中国科举制度最真实的历史见证物前，为学生们介绍中国古代科举制度及其对中国社会的影响。同时为学生创造和路人交流的机会，以下为学生与路人的部分互动内容。

（1）学生 A：请问您有没有听说过与科举制度有关的历史人物或故事？

路人 A：我听说过范进中举……

在与路人互动聊天的过程中，路人提及"范进中举"，这虽然是教学设计中没有涉及的文化内容，但教师以此为契机介绍了科举制的负面影响，在后面的直播中详细讲述了"范进中举"，从而丰富学生对科举制度的认识。在线下教师进行场所切换时，线上助教在线上课堂就孔子生平进行了 5 分钟的讲解。随后，线下教师带领学生感受孔庙的庄严与肃穆，在孔子像、崇圣祠等标志性孔庙建筑前进一步讲解孔子的生平和儒家教育思想，包括"韦编三绝"等孔子典故，引发学生对儒家文化的兴趣和思考。在教学中教师设计了多个学生互动环节，包括师生互动、生生互动、学生路人互动，让学生积极参与到直播课堂中来。路人互动环节中，教师与路过的游客进行短暂的访谈，询问他们对儒学、孔子的了解和看法。学生也可以参与访谈，提出问题或分享自己的理解和看法。如以下互动内容。

（2）学生 B：除了北京孔庙，您还知道和孔子有关的历史建筑吗？
路人 B：我还去过曲阜孔庙……

北京国子监、孔庙附近还有国子监中学等公办学校，教师在授课中除了可以和景区游客互动外，也可以选择国子监中学前接送孩子的家长作为课堂互动对象，教师在与家长的交流中使学生了解到国学教育也是义务教育的重点课程，让留学生一窥当代中国教育、感受当代中国。课堂互动中，教师对于母语者提出的回答要及时总结或解释，帮助学生理解，从而提高交流的流畅度与互动性。

（三）课后反馈

教师布置文化任务，以巩固学生对所学内容的理解和掌握。文化任务可以为"要求学生撰写一篇北京孔庙的导游词"或者让学生在到中国旅行时制作一份旅游 Vlog，使学生在体验中华文化的同时，记录旅行的生活。教师针对学生作业及时给予学生反馈和指导。此外，教师团队在课后发放调查问卷，收集学生对文化课程的评价反馈，以利于未来改进。

五　总结

　　实境直播式文化教学是在新时代背景下，借助新媒体技术，通过直接真实的表现方式，使传统文化在实境直播课堂中得以全新呈现，给学生带来真实感和参与感的一种文化教学方式。实境直播教学突破了传统文化教学的单一和陈旧，是对文化教学方法的一次创新探索。在培养学生的交际能力和跨文化能力、将文化教学与语言教学相结合方面，具有独特优势，是语言教学中有效而可行的教学模式。在实际运用中，教师可以将传统授课式的文化教学和实境直播、实地参观相结合，灵活调整课程安排以提升学生的文化体验。在数智时代，利用互联网传播优势实施数字化教学成为新时代的趋势，对文化元素进行数字化教学具有现实意义和时代价值。因此，汉语教师需要不断探索和实践新的教学方法，以适应数智时代国际汉语教学的特点和要求。

参考文献

陈莹（2013）《国际汉语文化与文化教学》，北京：高等教育出版社。

丁安琪、王维群（2021）《实境直播短期中文教学模式的构建与实践研究》，《国际汉语教学研究》第4期。

韩秀娟、王涛（2019）《混合教学模式下的视听说教学设计——以新型视听说教材〈中国微镜头〉为例》，《国际汉语教学研究》第3期。

何克抗（2005）《从 Blending Learning 看教育技术理论的新发展》，《国家教育行政学院学报》第9期。

教育部中外语言交流合作中心（2022）《国际中文教育用中国文化和国情教学参考框架》，北京：华语教学出版社。

李泉、丁秋怀（2017）《中国文化教学与传播：当代视角与内涵》，《语言文字应用》第1期。

李泉、孙莹（2023）《中国文化教学新思路：内容当地化、方法故事化》，《语言文字应用》第1期。

骆健飞、陈莹、丁险峰（2019）《初中级留学生文化微课程的建设研究》，载张旺熹主编

《北京语言大学教学研究论文集（2019 卷）》，北京：中国书籍出版社。

尉亮（2022）《"SP+BOPPS+S"线上线下混合式教学模式的创新实践与应用——以对外汉语教学设计与管理课程为例》，《现代职业教育》第 38 期。

吴忭、蔡慧英（2015）《实境学习：让学习在学习者的手中和脑中同时发生——访澳大利亚莫道克大学教授扬·哈灵顿博士》，《现代远程教育研究》第 5 期。

吴勇毅（2020）《互动：语言学习的关键——新冠疫情下汉语教学面临的挑战》，载李宇明等《"新冠疫情下的汉语国际教育：挑战与对策"大家谈（上）》，《语言教学与研究》第 4 期。

张瀛、王胜男（2022）《混合式教学模式在对外汉语中级写作教学中的实践应用》，《国际中文教育研究》第 2 期。

祖晓梅（2023）《文化教学的新理念和新思路——〈国际中文教育用中国文化国情教学参考框架〉解读》，《语言教学与研究》第 3 期。

Research on the Design and Practice of Authentic Live Streaming Model of Cultural Teaching

ZHU Xiaorui   LI Peixi   LUO Jianfei

Abstract: This paper explores the application of Authentic Live Streaming Model in cultural teaching, and advocates for the integration of cultural teaching with digital technology to explore three-dimensional and visualized models of cultural teaching. This model offers advantages such as realistic context, diverse interactivity, and blending online and offline elements. It represents an optimized and upgraded approach to traditional cultural teaching by leveraging digital technology, enhancing the visibility and comprehensibility of cultural content. In terms of cultural content, this paper further investigates the cultural resources that can be utilized in Authentic Live Streaming Model in cultural teaching, including everyday lives, cultural artifacts, and cultural concepts. When designing cultural courses, it is important to select cultural content that reflects local culture, contemporary China, and demonstrates cross-cultural awareness.

Keywords: Authentic live streaming model, Chinese culture, Teaching design, Teaching practice

作者简介

朱晓睿，华东师范大学国际汉语文化学院博士研究生，研究方向为第二语言习得、国际中文教育。[Email：ecnu_zxr@qq.com]

李沛熹，北京语言大学汉学与中国学学院硕士研究生，研究方向为国际中文教育及中华文化传播。[Email：18227803158@163.com]

骆健飞（通讯作者），北京语言大学汉学与中国学学院副教授、硕士生导师，博士，研究方向为语体语法及国际中文教育。[Email：jluo@blcu.edu.cn]

"多邻国"中文课程语音教学部分的分析与建议[*]

西北大学文学院　马怡昕　葛红丽

提　要　研究发现,"多邻国"这一语言学习应用平台在语音教学部分存在以下不足:教学内容不全面,忽略了声调和比声调更高的语音层次的教学;教学和练习法种类单一,缺少朗读练习和对口语输出的反馈与监测;缺少国别性偏误的区分和预测;示范音频和拼音书写格式存在不规范现象。本文认为,应增添系统性声调教学及语流音变、轻重音、语气语调的教学内容;丰富教学方法,设置朗读练习并增加口语反馈机制,以达到更好的教学效果;推动"多邻国"中文课程设置的完善等。希望以上建议能提高课程质量与应用价值,为学习者提供更好的学习平台,也为国际中文教育线上学习平台提供示范并助力规范化标准体系的建立。

关键词　"多邻国";国际中文教育;语音教学

一　引言

外交部发言人表示,截至 2021 年底,全球有 180 多个国家和地区开展了中文教育,有超过 70 个国家将中文纳入了国民教育体系,累计学习和使用中文的人数接近 2 亿(严玉洁,2023)。随着国家综合国力和话语权增强,中文承载着的中华文化逐步走向世界,出于文化交流和工具使用等多方面的需求,越来越多的人开始了解和学习中文,并把中文作为一门主要的交际语言。"汉语热"不再只是一股新鲜潮流,而成为全球外语学习的一种新的常态化趋势,并稳步扩大覆盖范围。随着互联网技术和移动设备的迅速发展,中文学习方式更加多元,不再局限于传统的线下教学,线上教学和在移动设

---

*　基金项目:本研究受西北大学"2023 年来华留学生学术汉语语言支持研究"(项目编号:22XNFH025)资助。

备上运用平台进行中文学习逐渐变成一种潮流，受到中文学习者的欢迎与喜爱。

目前，在各个应用商店中，中文学习应用软件数量众多，但品质参差不齐。据苹果应用商店统计和整理，质量较高、较受欢迎的把中文作为外语学习的平台有 8 款，大致可以分为 4 类：词典类平台有 Pleco 汉语词典和新华字典 2 种；汉字学习型平台有 Scripts：学习中文写作（Scripts: Learn Chinese writing）1 种；古诗词学习类平台有"诗词之美"1 种；综合性汉语学习平台 有 Learn Chinese-Mandarin、Chinese Skill-Learn Chinese、Hello Chinses-Learn Chinese 和"多邻国"4 种。

综合来看，更具系统性且同时培养听说读写能力的中文学习平台更受使用移动设备的学习者欢迎。从应用市场 Google Play 所提供的下载数据来看，"多邻国"在较受欢迎的综合性中文学习平台中下载次数最多、开发时间最长，也是唯一一个由外国公司进行开发且全部基础课程免费开放的平台。本文对"多邻国"中文课程中的语音教学部分进行分析，归纳其语音教学的模式与特点，为其进一步提高教学质量提出建议，旨在为全球中文学习者提供更好的学习平台，助力国际中文教育线上平台的建设发展和业界标准的建立。

二 语言学习平台"多邻国"

总部坐落在美国宾夕法尼亚州匹兹堡的"多邻国"是一个综合性的免费语言学习平台。作为语言学习平台，"多邻国"引导用户主要利用碎片时间进行语言学习，提供具有难度梯度及涵盖听、说、读、写四方面的学习内容，并以可爱明亮的页面设计和游戏化的任务完成形式来提升使用者兼学习者的学习兴趣，通过做任务得奖励、学习者社群排名等方式督促学习者学习。"多邻国"通过提供大量语言资源为学习者创设语言学习平台，帮助学习者在该平台上结合所提供的语言资料进行自主学习，从而达到建构目的语知识结构、运用目的语进行交际的学习目标。

"多邻国"秉持"个性化教育、学习＝快乐、想学就学"（"多邻国"官网，2023）的使命，以"真实交流、独特幽默的内容，平衡教学、多样化的学习途径"（"多邻国"官网，2023）为教学理念，面向全球用户提供 iOS 版、安卓版和网页版的平台服务，对 40 种语言提供共 106 种语言课程，其中不仅有英、法、中、俄、日等世界主要语言，还有越南语、威尔士语等小众语言。用户在注册并选择学习时所使用的媒介语后，便可以任意选择"多邻国"在该媒介语下所提供的不同语言课程。在开始课程学习之前，用户可以选择参加"多邻国"所提供的水平测试来帮助平台确定语言水平，以便后续以此为基础安排学习起点和学习内容。

"多邻国"于 2017 年 11 月正式推出中文课程，截至 2023 年 2 月，向以英语、日语、越南语共 3 种语言为母语的学习者提供中文课程。据官网统计，目前"多邻国"中文课程学习者多达 930 万，中文课程学习者人数在该平台所有语言课程中排名第八。

三 "多邻国"中文课程中语音部分的教学设置与优势

对于不论是以英语为媒介语，还是以日语或越南语为媒介语的中文学习者，"多邻国"都使用了相同的中文课程设置：以交际和会话为主要学习内容，依据会话主题的不同分为 57 个学习单元，囊括了从自我介绍、天气的日常交流到讨论环境、语言学习等具有一定难度的社会、自然话题等多方面会话主题；每个学习单元中，根据这一主题下安排的新知和复习分为 3~9 个小单元，并在每一个学习单元的最后设置一个对该单元内容的总测试；每个小单元中，又会在新知单元中根据学习内容或复习单元中根据复习内容和题量分为 4~5 个小模块；学习者通过类似游戏闯关的模式，依次完成每一模块，小单元、学习单元间的晋级亦是如此；学习者也可参与单元测试，若错误不超过 3 个则可实现跳级。在中文课程的设置上，"多邻国"采取听力、阅读、翻译、写作的练习方式贯穿 57 个学习单元，其中，前 44 个单元主要为教授新知和复习相结合，45~57 单元主要为个性化复习；教授新知的 44 个单元都有该单元学习内容的指南（Guidebook），系统介绍这一单元的学习内容以及学习目标。

　　语音教学是中文教学中极为重要的一环，赵元任先生曾说："发音的部分最难，也是最要紧，因为语言的本身，语言的质地就是发音，发音不对，文法就不对，词汇就不对"（赵元任，1980），语音的掌握程度从始至终影响着学习者听、说、读、写等多方面语言能力的提升。"多邻国"的语音教学与练习贯穿中文课程的始终，通过音频、拼音和汉字三种语言资料，以音节为最小单位，主要采用示范法进行语音教学。基本教学顺序为首先设置音频与拼音相对应的题目帮助学习者学习拼音的读法；其次将拼音与汉字相对应并辅以音频帮助学习者学习汉字的读音；最后将单个字或汉字组合与意义相联系，帮助学习者建立"读音—汉字—意义"的学习链条，最后连词成句，实现意义表达，完成交际需求。在练习设置方面，"多邻国"着重于听力和阅读练习，听力练习即学习者根据所听到音频选择单个或多个音节，阅读练习即根据所给的语言材料进行汉字与拼音形式的配对，在阅读练习中，还会提供汉字的音频来辅助学习者进行练习。

　　"多邻国"的语音教学并没有采用传统的语音教学方式（先进行声母、韵母单独教学，后接汉语拼音拼合规则教学，再进行音节拼读的学习），而是抓住音节是语音中最自然的结构单位这一特点，贯彻音节本位观，将音节本位教学法和语流教学法相结合，引导学习者将音节作为整体进行学习、认读和记忆。音节本位教学法能够减少汉语初学者在后期因拼合规则和音节中音素在拼合时产生的磨损而导致的发音偏误，有利于其掌握音节正确发音。"多邻国"的语音教学和练习贯穿课程设置的始终，实现了语音的长期教学。在语音教学过程中，围绕每一单元不同的交际主题，将枯燥乏味的单纯音节教学与和该主题内容相关的有意义的汉字、词汇教学相结合，提高了语音学习的趣味性。同时，通过大量的示范音频为学习者提供语音范例，在听觉上刺激学习者对中文的感知，对学习者的中文听力能力的提高具有较大帮助。海量语音练习使学习者在输入新知的同时不断巩固已学习的语音知识，帮助学习者将新知与已有的中文知识结构相融合，实现中文语言能力的进一步提高。综合而言，"多邻国"中文课程中语音部分的教学设置有利于学习者中文语音水平的提高，是较为合理的教学安排，能够促使学习者达到较为理想的学习效果。

四 "多邻国"中文课程中语音部分教学设置的缺陷与不足

作为一款中文学习平台，虽然"多邻国"在语音教学上实现了长期教学，且提供大量的音频示范和多样化有意义的练习，为学习者提供了较好的语言学习资料，但是在教学内容、教学与练习方法、偏误预测与应对以及所提供语言资料的正确性上仍存在缺陷与不足，对学习者的中文学习产生不利影响。

（一）教学内容

中文语音的教学内容包括拼音中声母、韵母、声调以及比声调更高的语音层次 [①] 等多个方面，虽然"多邻国"的中文课程以听话时最自然感受到的最小的结构单位——音节为最小单位进行教学，并囊括了大部分汉语普通话中使用频率较高的音节，但并没有提供系统的声调教学，这对于零基础的汉语学习者是非常不利的。林焘先生认为，声调是汉语语音结构中最敏感的部分，因此声调教学比声母和韵母的教学更为重要（林焘，1996）。现代汉语声调教学内容包括汉语四声声调的调类、调型和调值，汉语中常用的 400 余个无调音节结合阴平、阳平、上声、去声四个不同的声调构成的 1300 多个有调音节（不包括轻声）是汉语口语交际的要素，不正确的声调轻则造成学习者洋腔洋调的不地道口语输出，重则影响学习者在口语输出时的意义表达。这对于没有汉语语音知识基础的初学者在听力、阅读、口语以及意义理解等方面能力的进步，以及后续学习中运用汉语进行交际的能力提升都是极为不利的。

另外，"多邻国"中文课程对比声调更高的语音层次的重视可谓微乎其微。林焘先生认为，不正确的声调和对比声调更高的语音层次的错误把握是洋腔洋调的关键原因。前文我们提到的在比声调更高的语音层次中，轻重音是音长、音高和音强三方面音素综合作用下的产物，分为中重型（如楼房、

[①] 汉语中"比声调更高的语音层次"包括语流音变（变调、轻声、儿化）、轻重音、停顿和语气语调。

玩具、水壶等）和重轻型（如孩子、枕头、衣服等）两种。其中，中重型是普通话双音节词语主要语音模式，而其他语言的轻重音形式不一定与汉语相同，以英语为例，音高是英语轻重音的主导因素，且区分轻重音的方式也与汉语不同（林焘，1996）。不同的轻重音性质和形式表达是中文学习者在语音学习过程中需要与母语相比较并特别进行区分和注意的内容。语流音变包括变调、轻声和儿化，在现代汉语普通话中，轻声和儿化具有区分词义或词性的功能，无论是对语音形式还是意义表达，都具有重要作用。语气语调更是中文在口头表达上传递情感与态度的重要因素。因此对中文学习者来说，声调和更高的语音层次是不容忽视的语音学习内容。然而，在"多邻国"的课程设置中，除汉语普通话四声的调类介绍和语音示范外，其他语音教学中与声调和比声调更高的语音层次相关的内容一律缺失。但在其他汉语学习平台如 Hello Chinses-Learn Chinese 中，声调教学和比声调更高的语音层次的教学内容不仅被关注到，还作为教学内容的一部分引导学习者进行学习和练习，并给予反馈。

"多邻国"中文课程设置中语音教学部分教学内容的缺失与不完善给学习者造成了中文语音知识建构的大量缺口与空白，不仅不利于学习者对中文语音结构产生正确和较全面的总体认识，还会误导学习者在语音形式和意义表达上产生错误，从而不能达到较理想地掌握和运用汉语语音知识的学习目标。

（二）教学与练习方法

通过对"多邻国"中文课程的实际使用和总体分析，笔者认为，其课程中语音部分在教学和练习方法方面的不足主要表现在无合理的语音教学顺序安排、语音教学法过于单一以及学习者语音反馈的缺失。

汉语普通话的语音教学应遵循由易到难的教学原则，合理的语音教学顺序不仅能够清晰明了地向学习者展示汉语普通话语音的音节、声调等内容，还可以让学习者在学习较难的音节以及进一步学习轻声、儿化等音变时借助之前所学内容进行推测和归纳，对汉语语音有更好的掌握。"多邻国"中文课程的语音学习安排虽然将音节作为最小单位以直读法进行教学，有效减少了后续学习中声母、韵母本身发音以及拼合规律与实际拼读时语音不相符所带来的偏误，但是并没有安排声调部分单独学习和强调，更没有对音节、声调以及无调音节与声调相拼进行具有难易梯度的教学。对于汉语初学者而言，将音节与声调直接结合并和盘托出的教学方式过于简单直接，学习者不论是模仿还是接受理解上都难度较大，不利于奠定坚实的汉语语音基础以及提升后续学习水平。

在语音教学上，"多邻国"中文课程主要采取示范法进行教学，即用朗读音频为学习者自行模仿练习提供示范和参考。虽然"多邻国"所提供的音频涵盖了字、词、句三种形式，也贯穿全部单元的教学和练习内容，但对于中文语音教学而言，仅使用示范法是远远不够且存在误导学生的隐患的。在汉语普通话发音中，发音部位和发音方法都是影响发音正确性的要素，舌位高低、唇形圆展、送气不送气，任意一个错误都可能导致轻则洋腔洋调，重则意义表达错误。仅凭从听觉上进行刺激，让学习者根据所提供的音频自行判断发音部位和方法后模仿是难以保证正确性和学习效果的。

虽然"多邻国"中文课程的练习囊括了听力、阅读和写作三方面语言能力的训练和题型，但缺少了对学习者口语能力的训练和反馈。在所有练习题型中，既没有引导学习者"开口说话"的题型和朗读练习，也没有对学习者所发出的语音形式进行反馈的方式或模块，口语能力的培养可谓全凭学习者自食其力、自主练习。同时，缺少对学习者口语能力的检查与纠正，这不仅是教学法和练习法的缺失，更是教学环节的缺失。

除以上所述，"多邻国"中文课程在教学和练习方法上还缺少声、韵、调间的辨别练习，不利于学习者对不同音素和音节间的区别进行判断，从而影响语言表达能力的提升。

（三）偏误预测与应对

虽然"多邻国"在教学和练习中运用大数据算法对学习者的答题情况进行分析，在后续的练习中会安排学习者重新对错题进行作答，从而达成个性化、有针对性的教学和练习，但在课程安排上，没有对学习者可能出现的偏误进行预测并在教学过程中有所侧重地应对。通过对"多邻国"三种媒介语的中文课程进行分析发现，它们并没有根据学习对象的不同在语音教学上进行有侧重的安排，三种媒介语的中文课程所进行的教学内容完全一致。对母语不同的学习对象进行无差别的中文语音教学无疑是不合理的，不同母语背景下的中文学习者的发音习惯所产生的母语负迁移在汉语口语表达上会形成不同的偏误，无差别的教学则无法做到对症下药。

偏误预测与应对的缺失使"多邻国"中文课程中的语音教学没有明确的侧重点，学习者易错之处得不到充分的练习，从而达不到较理想的学习效果。

（四）所提供语言资料的正确性

虽然"多邻国"所提供的语言资料绝大部分是正确的，但还是在一些细节上存在错误之处。

在拼音书写上，"多邻国"所提供的语言资料有时会将本应标注为轻声的字标注为原调，如"请帮我买一点东西（dōngxī）"。在句子的拼音标注中，首字母亦没有大写，如"突然下雨了（tū rán xià yǔ le）"，这都不符合汉语拼音书写规范。

在音频上，"多邻国"中文课程共有 4 种不同的语音包，不同的语音包读出的音频有所不同，在教学和练习中穿插出现。音频上的错误主要集中在单个字的声调和句调两方面。单个字的声调主要有以下 4 点错误：阴平有时会在调尾略微上扬，如八；阴平有时过于短促，似低降调，如喝、张；上声的曲折调有时不够明显，如百、九、李；去声降调有时不够明显且有颤音，如再、二。句调上的错误主要表现为过于僵硬、机械感过重、缺乏应有的语气语调。

"多邻国"第一单元的指南所提供的普通话声调示意图也存在问题。虽然表示了普通话四声的大致形状，但并没有正确显示普通话四声应有的调值，这可能对学习者的声调学习产生困扰，不利于语音方面的后续进步（见图 1）。

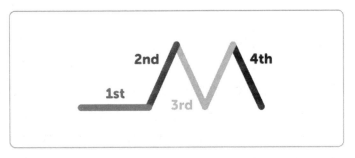

图1 "多邻国"汉语学习课程第一单元指南中的普通话声调示意

五 对"多邻国"中文课程中语音部分教学设置的改进建议

　　基于"多邻国"中文课程中语音部分教学设置情况的优势与不足,秉持促进该平台为学习者提供更好的语音部分学习资料、对学习者的中文语言知识建构起到更佳帮助的理念,本文对"多邻国"中文课程设置的语音部分提出以下改进及开发建议。

　　在语音部分的教学内容上,"多邻国"中文课程应在秉持音节本位的教学设计中增加具有梯度的教学顺序安排、系统的汉语拼音声调、声调与音节拼合的集中教学以及更高语音层次的教学。运用音节本位教学法的汉语语音教学同其他教学法一样,都应符合较普遍的学习者语言习得顺序和认知顺序,最重要的是要遵循由易到难、逐步推进的原则。笔者认为,应在目前课程设置中的第一单元之前,加入一节"热身"单元,即以最基础、最简单的几个音节——单元音韵母a、o、e、i、u、ü和具有辨别语义功能的四声声调——阴平、阳平、上声、去声予以介绍和学习(可以结合具体常用字词进行有意义的语音学习,增强趣味性和实用性)。在声调学习中,亦可以遵循梯度顺序,从相对容易的阴平、阳平、去声开始,最后学习上声,同时将汉语声调与媒介语在声调、语调方面的相似点进行结合(如将汉语阳平与英语的疑问语调相联系),有助于学生减少畏难情绪和尽快掌握汉语语音的基本知识。相对于其他语言而言,汉语是一种元音占优势且声调极为重要的语言,这样的安排虽不能使音节本位教学法的教学顺序完全实施,但在"多邻国"这一以交际目标的实现为最重要目的的语言学习平台中，能够为学习者后续在围绕不同话题展开的单元中以直读法学习交际用语时奠定较好的语音基础，有助于学习者对较难音节的学习以及口语水平的提高。更高语音层次的教学应首先在拼音系统教学的单元中进行简单的提及和介绍，以及列举与示范典型语言资料，并在贯穿后续课程的始终，特别是在出现轻声、儿化、变调时格外强调，引起学习者重视；句调则应该在前期的训练中辅以图示、箭头等清晰直观的方式进行提示，并将地道、自然的音频示范贯穿所有学习单元。进一步充实完善汉语语音部分教学内容、尽量保证语音教学输入的完整性，能够帮助学习者建立正确的语音知识结构框架和对汉语语音产生较全面的认识，对学习者尽量减少洋腔洋调的形成和正确地道语音形式、良好中文语感的形成提供帮助。

在教学法上，除了以音频为教学资料的示范法，还可以增加以舌位图、唇形图、发音时口型变化动画为资料的图示法，以及根据发音特点的异同引导学习的带音法（如从 i 到 ü，仅变化唇形圆展）等。后续在运用直读法进行交际用语中字词的单独教学时，可以增加音节比较法，让学习者能够清晰地感受到音节发音的不同，能够对汉语音节和发音产生更加明了、深入的认识。同时可以列出连读变调表格、上声变调表格的表格法，在轻重音教学中对词组和句子进行分解划分的分解法，轻声和儿化教学中将词与词间，如轻声中的"地道"—"地道"、儿化中的"画"—"画儿"，以及句子间进行对比的对比法，对更高语音层级教学的方法和形式进行补充。

在练习设置上，最重要的是增加朗读练习。对学习者口语输出进行检测和反馈，并引导学习者用正确的轻重、停延和语调对句子和语篇进行朗读练习，为学习者正确和流利的口语输出提供帮助。如在语调的检测中，可以通过后台程序的设定，对句中语调的音域和调值进行标准设定，特别是对句中"窄焦点重音"（李智强、林茂灿，2018）重点关注。通过对学习者语流中调值的峰和谷的检测，对学习者本句进行评分和反馈。在个性化方面，"多邻国"应改变目前仅把学习者在练习时错误的题目在本节最后重现并重新作答的简单方式，而是应将学习者出现错误的题目进行理论解释，并综合统筹错题知识点，形成更具针对性、目的性的练习帮助学习者回顾、理解和掌握。

在偏误预测和应对上，应根据学习者母语的不同，即在"多邻国"中选择中文学习的媒介语的不同，对学习者在课程进行中可能出现的语音偏误进行具有国别性的学情预测，并在教学内容设置上，根据对偏误的预测，安排具有国别化特点的语音教学的侧重点。以母语为英语的中文学习者为例，声母的偏误可能主要在 j、q、x 上，其中还会把 x 与 sh 相混；在韵母上，偏误可能发生在 u-ü，与 u、ü 相关的复元音韵母，ou-uo，a-e-u 的发音及前后鼻音韵母的分辨和后鼻音韵母的发音上。在声调方面，以英语为母语的中文学习者可能会将上声拐调读得不够明显，阳平与去声也易相混。在比声调更高的语音层次上，儿化是一个发音难点，且句调和语气也是在实际交流中容易被学习者忽视的方面。以上所提及的偏误需要在课程安排中重点辨析与对比练习，通过已有的练习方式和题型增加训练强度，提高学习者口语表达的正确性和流畅性，减少洋腔洋调的发生。

在语音资料的正确性上，"多邻国"应加大对音频的审核力度，减少错误音频的数量，在句子朗读中更贴近汉语普通话的语气语调。同时，对句子的拼音标注和第一单元指南中的声调示意图进行更改，为学习者提供正确无误、地道的语言学习资料。

六　结语

随着互联网技术和移动学习平台的进一步发展，会有更多学习者加入利用移动设备进行语言学习的队列，数字化语言学习资源必然会受到更多重视，且对其正确性、教学设置的合理性的期待值会进一步提高。"多邻国"作为目前市面上教学质量较高、使用人数较多、发展较成熟的中文学习平台之一，其教学设置和语言资料提供更应具备较高的正确性和合理性。本文通过对"多邻国"中文学习课程中语音部分教学设置的分析，总结出其具有注重交际功能、贯彻语音教学及音节本位教学法的优势与教学内容不全面、教学练习方法单一、缺少偏误预测及应对方法等不足。针对其不足，本文从教学内容、教学与练习方法、偏误预测与应对、所提供语言资料的正确性四个方面提出了相应的建设性意见，即增添系统性声调、语流音变、轻重音、语气语调的教学内容；丰富教学方法，设置朗读练习并增加口语反馈机制；基于国别性的偏误预测设置教学侧重点；修正不规范的语言资料。希望以上建议能够促进"多邻国"中文教学质量进一步提高，为全球中文学习者提供更好的教育平台与语言学习资料，助力国际中文教育线上平台发展与业界标准的建立，为后来者提供示范与参考，共同推动国际中文数字化教育的发展。

参考文献

程媛（2019）《基于音节本位教学法的对外汉语拼音教学设计》，青岛大学硕士学位论文。

程娟、鲁媛（2020）《对外汉语学习 APP 现状探究》，《东华理工大学学报》(社会科学版) 第 4 期。

"多邻国"官网，https://www.duolingo.cn，最后访问时间：2023 年 2 月 9 日。

关英伟（2008）《对外汉语语音教学的盲点——试论朗读教学在对外汉语语音教学中的作用》，《桂林师范高等专科学校学报》第 3 期。

黄伯荣、廖旭东主编（2020）《现代汉语》（增订六版）上册，北京：高等教育出版社。

何克抗（1997）《建构主义——革新传统教学的理论基础（上)》，《电化教育研究》第 3 期。

霍德力（2015）《寓教于乐——游戏化汉语教学电子平台》，浙江大学硕士学位论文。

金辉（2001）《自主学习理论及对外汉语教学最佳模式的研究》，《山西财经大学学报》（高等教育版）第 2 期。

康妍（2022）《线上国际汉语教学现状及平台与软件的优劣分析》，《产业与科技论坛》第 4 期。

李雯（2017）《对外汉语语音教学的问题与思考》，《文学教育（下)》第 6 期。

林焘（1996）《语音研究和对外汉语教学》，《世界汉语教学》第 3 期。

李智强、林茂灿（2018）《对外汉语声调和语调教学中的语音学问题》，《国际汉语教学研究》第 3 期。

徐通锵（2003）《音节的音义关联和汉语的变音》，《语文研究》第 3 期。

严玉洁（2003）《外交部：欢迎更多人通过学习中文更好地了解中国和中国文化》，中国日报网，https://cn.chinadaily.com.cn/a/202302/01/WS63da3592a3102ada8b22d56e.html 最后访问时间：2023 年 2 月 9 日。

赵元任（1980）《语言问题》，北京：商务印书馆。

张和生、洪芸（2001）《简论基于互联网的对外汉语教学》，《北京师范大学学报》(人文社会科学版) 第 6 期。

张祺昌、周玲妹（2021）《语言学习平台多邻国的中文课程分析》，《现代交际》第 10 期。

Analysis and suggestions of the phonetic component of the "Duolingo" Chinese course

MA Yixin   GE Hongli

Abstract: The study found the following deficiencies in the phonetic teaching of the "Duolingo" language learning software: incomplete teaching content, neglect of the teaching in the tone and higher levels of phonology; single types of teaching and practice methods, lack of reading practice and feedback and monitoring of oral output; lack of differentiation and prediction of country-specific errors; non-standard demonstration audio and phonetic writing. There are irregularities in audio and pinyin writing formats. In this paper, it is suggested that systematic teaching of tone contextual variation, stress and intonation should be added, and the teaching methods should be enriched by setting up reading exercises and adding feedback mechanisms to achieve better teaching results. In dong so, we hope to enrich the Chinese curriculum in Duolingo, improve the quality and application value of the curriculum, provide a better learning platform for learners, and set a good example for the international Chinese education online learning platform and help establish a standardized standard system.

Keywords: Duolingo, International Chinese language education, Pronunciation education

作者简介

马怡昕，西北大学文学院汉语国际教育专业本科生。[Email：MaYixin MMM@outlook.com]

葛红丽，西北大学文学院汉语国际教育学系副教授。研究方向为语言学及应用语言学。[Email：20134001@nwu.edu.cn]

《世界华文教学》征稿启事

　　《世界华文教学》是由华侨大学华文教育研究院创办的华文教育研究性集刊，主编为华侨大学原校长贾益民教授。该刊以提升海内外华文教学与研究水平为目标，着重反映华文教学与研究领域的最新成果，是华文教育学术研究的重要平台。

　　《世界华文教学》主要刊发以下研究领域的文章：

　　1. 华文教育研究

　　2. 国际中文教育研究

　　3. 汉语/华语研究

　　热诚欢迎海内外从事华文教学与研究工作的专家、学者赐稿！

　　稿件以附件形式发送至编辑部的邮箱。详细稿例请访问华侨大学华文教育研究院主页：http://hwjyyjy.hqu.edu.cn/。

　　本刊实行双向匿名审稿制度，审稿周期为3个月。

　　联系方式：

　　地址：福建省厦门市集美区集美大道668号华侨大学华文教育研究院

　　　　　《世界华文教学》编辑部

　　邮编：361021

　　邮箱：sjhwjxhq@163.com

　　电话：0592-6167212

《世界华文教学》编辑部

2021年6月

图书在版编目（CIP）数据

世界华文教学．第十四辑／贾益民主编．--北京：
社会科学文献出版社，2024.11.--ISBN 978-7-5228
-4737-5

Ⅰ.H195.3-53

中国国家版本馆 CIP 数据核字第 2024L1L189 号

世界华文教学（第十四辑）

主　　编／贾益民

出 版 人／冀祥德
责任编辑／朱　月
文稿编辑／范晓悦
责任印制／王京美

出　　版／社会科学文献出版社（010）59367126
　　　　　地址：北京市北三环中路甲 29 号院华龙大厦　邮编：100029
　　　　　网址：www.ssap.com.cn
发　　行／社会科学文献出版社（010）59367028
印　　装／三河市东方印刷有限公司

规　　格／开　本：787mm×1092mm　1/16
　　　　　印　张：14.25　字　数：227 千字
版　　次／2024 年 11 月第 1 版　2024 年 11 月第 1 次印刷
书　　号／ISBN 978-7-5228-4737-5
定　　价／148.00 元

读者服务电话：4008918866